U0557714

我国区域
食物、环境、能源、经济和人口
协调发展研究

胡荣华　孙立成 等 著

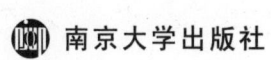

南京大学出版社

本书由南京财经大学学术著作出版基金资助,同时,也是江苏高校优势学科建设工程项目(PAPD)、江苏高校现代服务业协同创新中心和江苏高校人文社会科学校外研究基地"江苏现代服务业研究院"的阶段性研究成果。

目 录

第一章 绪论 … 1
- 一、问题的提出 … 1
- 二、国内外研究综述 … 3
- 三、研究思路和方法 … 17
- 四、本书主要创新点 … 19

第二章 区域 FEEEP 系统协调发展理论基础 … 21
- 一、共生理论概述 … 21
- 二、FEEEP 系统分析 … 34
- 三、FEEEP 系统协调发展的内涵 … 40
- 四、本章小结 … 43

第三章 区域 FEEEP 系统协调共生演化分析 … 45
- 一、共生理论基本模型概述 … 45
- 二、FEEEP 系统协调共生演化模型构建 … 52
- 三、实证分析 … 61
- 四、本章小结 … 72

第四章 区域 FEEEP 系统协调共生综合评价分析 … 74
- 一、指标体系构建 … 74
- 二、FEEEP 系统协调发展水平测度 … 83
- 三、FEEEP 系统协调度测度 … 115
- 四、本章小结 … 140

第五章 区域 FEEEP 系统协调共生稳态性分析 … 143
- 一、区域 FEEEP 稳态机理分析 … 143

二、区域 FEEEP 系统稳态性测度 …………………………… 150
　　三、区域 FEEEP 系统演化路径及协调共生局部稳态性实证分析
　　　　…………………………………………………………… 156
　　四、本章小结 …………………………………………………… 164
第六章　区域 FEEEP 系统协调发展对策分析 …………………… 166
　　一、内部子系统协调发展 ……………………………………… 166
　　二、整体系统协调发展对策 …………………………………… 173
附表 ………………………………………………………………… 175
参考文献 …………………………………………………………… 187
后记 ………………………………………………………………… 191

第一章

绪 论

一、问题的提出

(一) FEEEP 的由来

FEEEP 是人类寻求可持续发展的具体化。其中 F 指食物（Food），三个 E 分别代表环境（Environment）、能源（Energy）、经济发展（Economic Development），而 P 则指人口（Population）。对 FEEEP 的探讨源自 1995 年亚太经济合作组织（APEC）各会员国在日本大阪举行的领导会议。在这次会议中，APEC 各国领导认为，人口的急速增加、经济的快速发展将对人类食物供给、能源的需求和自然生态环境带来极大的冲击，故各国达成共识，同意将在相关的议题上寻求更进一步的了解，并为 APEC 区域寻求永久性的经济繁荣采取共同行动。上述议题经 APEC 经济委员会（Economic Committee，简称 EC）的长期酝酿，于 1996 年 10 月提出了"APEC 关于人口增加和经济增长对食物、能源和环境的影响"的讨论报告，并以 FEEEP 简称此项课题。该课题包含两个方面的内容：一是研究和探讨迅速增加的人口及高速增长的经济对食物、能源和生态环境的影响；二是在迅速增加的人口和高速增长的经济压力下，如何解决食物、能源和生态环境问题。近几年来，APEC 各国和地区就 FEEEP 之间的关系以及它们在社会经济可持续发展中所扮演的角色展开了广泛的研究。

(二) FEEEP 的内涵

FEEEP 问题是粮食、能源、环境与经济增长、人口增长之间关系的问题。随着全球经济迅速发展，地区人口迅速增加，地区经济可持续发展问题也日益突出。人口和经济增长给粮食、能源、环境造成的压力迫使 APEC 不得不采取一整套行之有效的措施。

在 FEEEP 系统内的五个元素之间存在着相互协调、相互影响的关系。首先对于人类来说，在社会中有着双重身份，每个人要想生存就必须作为生产者参与生产劳动，同时劳动产品的最终消费者也是人，所以也充当着消费者的角色，这样就将人划入到经济运行环境之中。而在与其他要素之间的关系，比如与土地资源的关系，当土地充足、生产力不发达时，通过增加人口即可使粮食增加产量，促进社会的发展；然而，在科技发达的今天，过快的人口增长势必会加速能源的消耗，加重环境污染，影响人类的生存发展。所以，在目前的条件下控制人口规模仍不容忽视。

其次，从经济的角度出发，经济的协调发展势必需要有能源、环境以及人力物质资源的投入，经济发展的结果将改善人口素质，并在有限的自然资源条件下通过提高科学技术来提高生存环境，当然在这个过程中对环境不免会造成一定的污染。

第三，在 FEEEP 中能源是不可忽视的一部分，能源主要表现在对经济增长的贡献以及对环境的冲突方面。随着经济的增长，能源消耗的增加，伴随而来的就是对环境的不断破坏。在环境破坏的过程中虽然会有一定的环境治理，但总归会有一定程度的深度破坏，尤其是不可逆的破坏。

第四，FEEEP 协调发展的过程其实就是一个可持续发展的过程，而在这一过程中环境是其他四个要素的条件与基础，生态环境与整个社会的存在与发展息息相关，环境的污染、生态的破坏对人的身心健康、经济的发展、粮食的生产都有直接的影响。

最后，粮食作为 FEEEP 系统中的研究起点，是最为关键、最为基础、最为重要的因素，它是人类社会发展与进步的根本保证。也正是因为粮食在这个系统中居至关重要的位置，因此，将其作为本书的研究目标。粮食是农业的基础与目标，同时农业是国民经济、社会发展的基础，粮食的这种"双基"作用决定了粮食在 FEEEP 中的客观重要性。虽然现在粮食在农业产值中，在农业作为第一产业中的占比逐渐下降，第一产业也在 GDP 中的占比快速下降，但任何研究都表明，粮食在整个国民经济中的作用是不可忽视的。历史上曾经有农业的增长以环境的破坏为代价的传统农业时代，随着现在农业集约化、规模化进程的加快，禽畜的粪便、农作物的秸秆等农业废弃物对环境的污染越来越严重，化肥、农药等的大量使用对大气、水体的污染日益引起广泛的关注，还有大量荒地的开垦等对环境的行为也使得生态条件不断恶化。

二、国内外研究综述

区域 FEEEP 系统协调发展的研究是一个理论性和应用性都非常强的课题，同时兼有自然科学和人文科学相互交叉的特点。从具体研究的内容来看，有关该系统协调性的研究从属于可持续发展复合系统的研究范畴。而从现有有关可持续复合系统相关的研究文献来看，国内外学者主要有以下研究。

（一）国内

1. 中国古代朴素的可持续发展思想

诚然，现代意义上的可持续发展是由西方经济发达国家首先提出的，但是东方智慧中的整体思维与可持续发展思想联系更密切一些。我国古代的可持续发展思想在先秦时期就已经形成，其中不乏一些杰出的代表。

道家有关道的论述中充满了人与自然协调的思想。他们认为"道生一，一生二，二生三，三生万物"，强调人只是天地万物的一部分，并提出"天人合一"的观点。从这些论述中，我们可以感受到道家所倡导的人与自然和谐相处的思想。这些思想包含着当代人类社会发展的"适度增长"、"可持续发展"的基本观点。管仲说过"地力不可竭，民力不可殚"，直接指出了土地资源对人口承载的极限问题，比马尔萨斯提出的人口极限论早了近两千年。此外，管仲还提出了"立祈祥以固山泽"的观点，即要加强基础设施建设，保护生态环境，这反映了我国古代文化中积极保护生态环境的世界观。这些朴素的观点虽然产生在两千多年前，但对于当今世界实行的可持续发展战略，仍然具有借鉴意义。

2. 当代 FEEEP 相关研究和进展综述

国内可持续发展理论研究起步较晚，但是中国政府高度重视并积极推进可持续发展。中国政府于 1994 年率先制定出《中国 21 世纪议程》——中国 21 世纪人口、环境与发展白皮书，把经济、社会、资源与环境视为密不可分的复合系统，提出可持续发展的战略和行动措施，集中体现了中国实施可持续发展战略的基本观点和主要内容。全国人大在 1996 年批准的《国民经济和社会发展"九五"计划和 2010 年远景目标纲要》，首次明确提出了在中国未来发展中，要实施可持续发展战略，要实行经济体制和经济增长方式这两个根本性转变。从此，"可持续发展"成为了国家战略的中心内容。

我国学者对可持续发展的研究成果主要分为以下三个方面。

(1) 可持续发展机制研究

国内学者申玉铭和方创琳依据系统论的观点分析了 PRED（人口、资源、环境和经济社会发展）协调发展的机制、演化规律及协调发展的理论模式。袁旭梅从"生态—社会—经济"复合系统协调的角度，运用非平衡系统理论对自组织与组织机理进行了分析，并根据大系统理论，提出复合系统协调控制与管理方式。白华和韩文秀运用一般系统论理论对区域"经济、资源、环境"复合系统的协调机理进行了深入的分析，定量描述了"经济、资源、环境"复合系统静态协调度和动态协调度，并在空间结构定义的基础上引入了行为矩阵的概念，提出了基于行为矩阵的复合系统静态协调管理方法。孟庆松和韩文秀从系统学的角度提出了复合系统的复合因子、协调机制等概念，在此基础上以协同学为基础，分析了复合系统协调的协同学特征，给出了一类可以实际计算的复合系统协调度模型，并以具体的"教育—经济—科技"复合系统为例进行了实证分析，验证了所建立的模型的正确性与可操作性。曾嵘和魏一鸣等试图运用系统论思想，提出人口、资源、环境与经济的协调发展复杂系统的概念，阐述人口、资源、环境与经济的协调发展复杂系统的结构特征、各子系统之间内在协调机制及系统发展过程。孙立成等以共生理论为指导，构建了基于互利共生的区域 FEEEP 系统内部协调共生演化模型，分析了模型平衡点的稳态特征，并建立了稳态系数测度方法。最终认为，区域 FEEEP 系统是在经济增长机制和生态平衡机制共同作用下演化发展的；各子系统在总体上均具有上升的演化态势，其食物子系统和人口子系统早期增长较快，近期均处于成熟及衰退阶段，而能源、经济和环境子系统早期增长较慢，但近期增长较快，处于快速成长阶段。

(2) 可持续发展内涵研究

可持续发展是一种全新的发展观和发展模式，其内涵十分丰富。但由于不同领域的专家和学者研究的出发点和研究的目的有所不同，因此，对可持续发展概念的理解也丰富多彩。

对此，国内学者做了大量而有价值的研究工作。早在 1984 年，中国著名生态学家马世俊与王如松在提出"社会—经济—自然"复合生态系统概念的基础上，把可持续发展的原则归纳为"总体、协调、再生"六个字，认为复合系统协调发展指的是既要协调人与自然的关系，也要协调经济发展与生态环境的关系，还要协调人口、经济发展与生态环境的关系，要从总体上把握和解决人口、资源、环境、发展的问题。

隋映辉认为协调的本意为"和谐一致，配合得当"，并描述了系统内部各要素的良性相互关系。杨士弘指出协调发展是协调与发展的交集，是系统或系统内要素之间在和谐一致、配合得当、良性循环的基础上由低级到高级，由简单到复杂，由无序到有序的总体演化过程。协调发展不是单一的发展，而是一种多元发展。在协调发展过程中，发展是系统运动的指向，而协调则是对这种指向行为的有益约束和规定。经济—生态环境系统协调发展是指人口、社会、经济及环境等各个子系统之间或系统组成要素之间在发展演化过程中彼此的和谐一致，是充分利用并促进经济与生态环境之间的积极作用关系，实现两者之间的良性循环，使经济稳定发展、资源合理高效利用、环境状况良好的一种有序状态。为实现上述的和谐一致而对系统采取的若干调节控制活动称为系统施加的协调作用；这些调节控制活动（即协调作用）所遵循的相应的程序与规则称为协调机制。申玉铭和方创琳将协调定义为 PRED 大系统的协调发展，即人口、资源、环境、发展四者合一的有机整体，在其发展演化的过程中，四个子系统之间不断相互促进、相互协同，由协调—不协调—协调，循环往复，处于一种动态的变化过程，指出协调应侧重于描述系统间相互作用、相互配合的状况。

冯玉广和王华东认为区域经济协调发展是指区域人口、资源、环境、经济和社会系统中诸要素和谐、合理、效益最优的发展。具体地应包括以下 4 个方面的内容：① 在自然资源和生态环境的承载能力之内经济获得最大限度的发展，发展经济是使区域 PRED 系统协调发展的最根本、最有效的手段。② 人口规模及增长率维持在经济、资源和环境的承载能力之内，即人口的规模及增长率应与经济、资源、环境相适应。只有这样，人们才能够享受较高的生活水平和生活质量，才能够受到良好的教育，才能够实现或接近充分的就业；

人口的素质及人口的年龄结构、城乡结构、就业结构才能与经济发展相协调。③ 合理地开发利用自然资源，使不可再生资源的利用效益最大限度地提高，最大限度地发现和利用替代资源。对可再生资源的利用应以不破坏其再生机制为前提。只有这样，维持经济发展的自然资源基础才不会被削弱和破坏，经济发展才能继续。④ 人的一切活动对环境的负影响应在环境的承载能力之内。即人对区域的开发，对资源的利用，对生产的发展，对废物的处理等均应维持在环境的允许容量之内。只有这样，环境恶化和生态破坏的趋势才能得以控制，自然生态平衡和生物多样性才能得以维持。保护生态环境是区域 PRED 系统协调发展的重要方面。

汪波等认为区域经济发展协调度是区域经济发展这一大系统中经济子系统与人口子系统、社会子系统、资源环境子系统和科技教育子系统之间的协调程度。白华和韩文秀指出复合系统协调性首先是指复合系统中子系统及构成要素间具有合作、互补、同步等多种关系，以及由于这些关联关系使复合系统呈现出的协调结构和状态。这种关联关系并非固定不变的，而是呈现出一种动态的协调关系。因此，复合系统协调性的另一层内涵是反映系统的动态调节机制，"协调"一词本身就有协同调节之意。复合系统中子系统及构成要素之间和系统与环境之间在相互作用过程中，总是存在种种矛盾，种种不协调现象。只有不断进行协调、调节，才能保持系统之间的动态平衡协调关系，从而使系统整体以及各个子系统都能充分发挥其功能，达到复合系统的最佳整体效应。

杨文进认为可持续发展中包含的逻辑和实践悖论（即增长与可持续的不相容），注定了它的实践过程必然是曲折复杂的，同时决定了现有的所谓可持续发展战略大多只是一种延续发展过程的做法，而不是真正的可持续发展。因此，人类在这方面难以取得实质性进步。耿世刚认为可持续发展应该包括社会学的内涵、经济学的内涵、生态学的内涵和伦理学的内涵。张丽平则将人和环境的世界大系统分为物质生产圈、人的生产圈、环境生产圈,可持续发展就是使这三个生产圈良性循环的运行模式。燕镜伊认为可持续发展不仅仅是指发展在时间上的连续性,而且也包含了发展内容上的协调性。可持续发展涉及经济、社会、环境等多方面的发展内容,但又不是这些发展内容的简单相加,而是基于现代系统思想的协调与整合,既强调发展的整体性,又强调发展要素之间的关联性。林红梅论述了可持续发展的合理内涵为:人与自然和谐相处是它的前提,代内公正是它的基本要求,代际公正是它的核心,而人的发展又是可持续发展思想得以实现的重要保证。方磊认为布氏的可持续发展定义并不是完美的,综合运用数学模型,分别从公平、和谐、创新三个方面来解释和把握可持续发展的内涵。他认为,人类应首先解决社会不公平的问题,以自然界规律作为自己行动的准则,遵循"道"义,倡导人与自然和谐相处,追求经济子系统、自然子系统的协调发展,才可能真正走上可持续发展的道路。刘仁忠、罗军从生态环境伦理和经济学理论两个维度来探讨可持续发展的内涵,他们认为,可持续发展涵盖了社会和人的全面发展,涵盖了将人从物的奴役下解放出来的人文意蕴。

  王维国指出协调发展是以实现人的全面发展为目的,通过区域的人口、社会、经济、科技、环境、资源等六个系统及各系统内部各元素间的相互协作、相互配合促进而形成的社会发展的良性循环态势。他指出协调发展主要有以下六个特点:① 协调发展是一种社会发展观。所谓社会发展是指社会由低级向高级运动的过程,它包罗了社会生产的一切方面(如经济、科技、政法、文化等)的发展;② 协调发展的目标是实现人的全面发展,而人的全面发展不仅包括人所需要的物质和精神两个领域,还包括为支持这种发展所必须的外部环境;③ 协调发展是一个以人口、社会、经济、科技、环境、资源等为子系统,内部结构关系极其复杂的社会发展系统;④ 从截面上看,协调发展是指为实现人的全面发展而形成的各子系统之间的比例关系,它是一种良性社会发展状态。具体地说就是指人类社会的发展过程中所形成的有利于人的全面发展的人口、社会、经济、科技、环境、资源各子系统内部及其相互之间的各种比例关系;⑤从纵向上看,协调发展是一个动态的历史发展过程。同任何事物一样,社会综合发展也是一个由量变到质变的自然历史过程,具有明显的阶段性。在不同的发展阶段的人的全面发展的具体目标,所要求的人口社会经济资源环境各系统的比例关系是不同的,会随着具体目标的变化而变化;⑥协调发展是以人口、社会、经济、科技、环境、资源各子系统及其各子系统内部各要素的相互适应、相互配合、相互协作和相互促进为前提条件的社会发展,如果离开了各子系统及其各子系统内部各要素的相互适应、相互配合和相互协作,根本就形不成能够保证系统目标实现的协调比例关系。

虽然上述对可持续发展内涵的具体论述各不相同,但是从已有的研究来看,基本都有一个一致的观点,即可持续发展的最终目的是人的全面发展,是各种要素之间的协调发展。

(3) 可持续发展模型研究

上面我们提到,国内学者更加注重复合系统协调发展内涵的解析,并从协调发展量化角度来构建一系列有意义的复合系统模型。林逢春和王华东运用自组织理论分析了区域PERE系统中的自组织过程,建立了区域PERE系统的通用自组织演化模型,并把模型应用于山西省某市,预测了该市未来的人口、经济和环境状况,用于解决在区域PERE系统中应用自组织理论时建模困难的问题,取得了较好的研究成果。吴跃明等以可持续发展理论为指导,借助系统工程多目标优化的思想,利用协同论观点构建了环境经济功能函数协调度测度模型。

姚愉芳和贺菊煌将人口、资源、经济与环境4大子块放在一个大系统中,采用分析研究与模型计算(系统动力学与投入产出模型)相结合的多方案比较分析方法,研究如何协调这四大子系统发展之间的关系。李后强等提出人地协同论是构建协调发展模型的基础。孟庆松、韩文秀对复合系统的协调度模型进行了研究，并指出复合系统具有自然系统与人造系统的双重特点。喻小军和周宏等根据湖北省近年来国民经济发展的有关数据，按照可持续发展的要求，借助主成分分析法和灰色理论中 GM (1, N) 的建模方法，就实现湖北省经济、资源、环境之间协调发展的问题进行了研究，并提出了相应的可持续发展对策。范金建立了生态经济投入产出的多目标优化模型。

曹刚对环境质量与经济增长的库兹尼茨关系进行了量化探讨。吴承业运用新的环境库兹尼茨曲线数理模型对环境与经济的协调状况进行了计量分析。叶民强和张世英通过几何空间描述和弹性分析两个角度的研究，分别提出区域经济、社会、资源与环境系统协调发展衡量的静态与动态评价模型，为区域可持续发展实践和评价提供决策参考与定量模型。

于景元提出从定性到定量的综合集成方法来研究复合系统的协调问题。徐中民等建立可持续度模型来研究复合系统的协调关系。吕彤和韩文秀对区域"经济—资源—环境"复合系统的系统协调及混沌控制进行研究，建立其整体协调度优化模型，并采用优化方法与混沌特性分析相结合的自学习方法，在系统优化目标和稳定性之间寻求平衡，从而实现对区域"经济—资源—环境"系统的基于协调的混沌控制。魏一鸣、范英等提出了一种三层次模型体系结构，建立了基于目标规划的 PREE 系统多目标综合集成模型，较好地反映各子系统协调发展的制衡关系，并完整地体现了 PREE 系统的整体性特征，为开展用于预测和规划的区域可持续发展的定量研究提供了技术基础。姜涛、袁建华等在进行定性分析的基础上，建立了基于动态投入产出原理的可持续发展多目标最优规划模型，以研究各种经济要素变动和经济结构转变、发展战略和目标之间的相互关系，分析模拟中国中长期可持续发展状况。杜慧滨和顾培亮在分析了区域能源—经济—环境复杂系统自组织特征的基础上，探讨了该系统与外部环境之间、子系统之间和子系统与外部环境之间的相互关系以及内部协调发展机制等。以某市为例，建立了"工业用煤—环境—经济"系统演化模型。

李勇进等立足于生态经济理论，利用系统模型方法，构建了对有关区域发展政策的可能结果进行动态仿真的模拟实验室，对甘肃省"资源—环境—经济系统"运行规律进行探索和实证研究，旨在描述"资源—环境—经济系统"可能的运行情景。张智光等运用系统工程方法和大系统理论，分析区域性森林资源—环境—经济复合大系统（FREES）的结构与原理，在可持续发展的总体要求下将森林资源、森林环境和林业经济三个子系统作为一个有机整体，构建基于ε-约束法的多目标优化模型，以及包含各子系统的目标函数模型、约束条件模型和关联模型在内的 FREES 大系统分解—协调优化模型，并将该模型用于江苏省 FREES 可持续发展优化问题，得出了具有实际指导意义的最优方案。

孙立成等在分析现有可持续复合系统协调发展水平测度模型缺陷的基础上，提出了基于 PLS 通径模型的区域 FEEEP 系统协调发展水平测度模型；在共生理论指导下分别从总量、结构和质量三个维度构建了区域 FEEEP 系统协调发展指标体系，并测度了改革开放三十年来中国 FEEEP 系统及各子系统的协调发展水平。研究表明：PLS 通径模型能有效弥补现有模型的缺陷，适应于区域 FEEEP 系统协调发展水平的测度分析；改革开放以来中国 FEEEP 各子系统及其整体系统的协调发展水平在整体上是呈递增的态势，但各系统均未摆脱粗放式的增长模式，其中环境子系统是制约中国 FEEEP 系统协调发展水平提高的最主要因素。

（二）国外

在国际上，可持续发展理论从萌芽、形成到发展经历了较长的历史过程，大体可分为三个阶段：

1. 可持续发展理论的萌芽时期

从马尔萨斯提出人口理论到 20 世纪 70 年代，这是可持续发展概念提出之前的萌芽时期，以民间研究为主。在这个时期不少学者从人口、资源和环境保护方面进行了大量研究，他们所阐述的理论和发展观已隐含了不少可持续发展的思想，这为后来的可持续发展概念的产生提供了认识基础。

1789 年，马尔萨斯发表了《人口原理》，文中提出了人口要素呈几何级数增长的理论，并指出人口的快速增长必然要受制于自然环境的限制，只有对人口增长进行有效的干预，才能保证人口与自然环境的协调发展。在马尔萨斯之后，达尔文也在其 1859 年出版的《物种起源》中提出了生物与环境相互选择的理论，提出"物竞天择，适者生存"的观点，与马尔萨斯的理论相互呼应。这些都是西方可持续发展思想的萌芽。

进入 20 世纪以后，工业得到迅速的发展，人口增长速度加快，与此同时，资源消费过度、环境恶化、生态破坏、贫富悬殊等问题凸现并日益加剧，这种矛盾冲突促使人们开始反思人类的发展模式，催生了可持续发展观的诞生。这时，人们已经意识到人类必须走一条可持续发展的道路，但尚未形成研究体系。

第二次世界大战后，特别是 50 年代以后，发达国家进入到了工业高速发展的时期，人口、经济、社会、资源、生态环境的矛盾进一步凸显出来，舆论界也开始出现揭露和批判生态环境问题的声音，环保业逐渐受到重视。1962 年美国女生物学家莱切尔·卡逊出版了环保科普著作《寂静的春天》，引起了巨大轰动。书中揭露了滥用有机氯杀虫剂所造成的严重生态污染的事实，清楚地展示了人类经济生产与生活对环境破坏的巨大威力，惊呼人类将会失去"春光明媚的春天"，在世界范围内引发了人类关于发展理念上的争论。

20 世纪 70 年代以来，民间的可持续发展研究走向了高潮。1971 年，以讨论"人类前途"为中心议题的罗马俱乐部发表了著名的长篇报告——《增长的极限》。该报告引用了大量数字材料和数学模型来研究世界人口增长、粮食生产、工业发展、资源消耗和环境污染对人类发展的影响，提出了经济的不断增长会不可避免地导致全球性的环境退化和社会解体等观点，指出只有停止人口增长和经济发展，即所谓的"零增长"，才能保证地球的平衡。该报告在全世界引起了极大的反响，政府部门和国际组织开始对人口、粮食、能源、经济和环境五大问题密切关注。

从 1972 开始，国际组织开始介入对可持续发展模式的探索。1972 年 6 月联合国在瑞典首都斯德哥尔摩召开的人类环境会议提出了"只有一个地球"的口号，呼吁各国政府和人民为维护和改善人类环境，造福子孙后代而共同努力，从而提出了可持续发展理论中"代际公平"的初步思想。这次会议是历史上第一次将人类环境问题摆上国际政治的议事日程，虽然没有解决多少实质性问题，但是在唤起世人对环境问题、尤其是环境污染问题的觉醒具有划时代的意义。

这一时期的可持续发展研究从萌芽到引起全社会的关注，历时漫长，期间尽管未明确提出"可持续发展"的概念，但从根本上触动了人们对传统经济增长观点的反思，这些都为后来的可持续发展观的提出和形成提供了基本的理论基础。

2. 可持续发展理论的形成时期

20 世纪 80 年代初到 1992 年的联合国环境与发展大会的召开，是可持续发展理论的形成时期。在这一时期，可持续发展成为最引人注目的词汇。1980 年，由国际自然资源保护联合会、联合国环境规划署和世界野生生物基金会共同发表了《世界自然保护大纲》，该书首次系统论述了可持续发展的思想，指出保护自然与可持续发展是相互依存的，发展的目的是为人类提供社会和经济福利，保护的目的是保证地球具有使发展得以持续和支撑所有生命的能力。

1983 年世界环境与发展委员会（WCED）的成立掀开了可持续理论发展史上崭新的一页。经过 4 年广泛细致而艰苦的努力，该委员会于1987年发表了题为《我们共同的未来》的报告，系统论述了可持续发展的涵义、原则和实践问题，提出了后来为全球所公认的"可持续发展"概念——"既满足当代人的需求，又不对后代人满足其需求的能力构成危害的发展"。在论及可持续发展战略时，该报告强调，环境与发展的完全一体化是确保未来环境与发展的唯一合适和可行的途径。向可持续发展的过渡，对发展中国家与工业化程度较高的国家一样，都是绝对必要的；所不同的是，实现这一过渡的条件对穷国来说有特殊困难，对富国来说有着特殊的责任。

1992年，联合国环境与发展大会在巴西召开，会议通过了《里约宣言》和《21世纪议程》，进一步阐明了可持续发展的内涵，详细地论述了实现可持续发展的目标、活动计划和手段，以制定和实施可持续发展战略。《21世纪议程》就是这一时期的行动纲领。

3. 可持续发展理论的发展时期

1992年"环境与发展大会"以来，是可持续发展战略提出及实施、可持续发展评价理论丰富和发展的阶段。在联合国《21世纪议程》发表之后，世界各国政府相继制定国家可持续发展战略、行动计划，并组织实施。世界现在三大权威机构：世界资源研究所（WRI）、国际环境发展研究所（IIED）、联合国环境规划署（UNEP）更是联合声称执行此议程，并据此研究现在和未来的世界发展与人类生存问题。这些可持续发展纲领性文件的发表，加上国际组织和各国学者的大量理论探讨和实践，很快把可持续发展的理论研究推到一个新的阶段。

在各国可持续发展战略实施过程中，为了科学衡量和评价各国可持续发展进程和探索其路径，各国的专家学者非常重视可持续发展的评价理论和实践研究。

4. 主要研究成果

（1）可持续发展机制研究

自20世纪30年来以来，西方发达国家极力推崇凯恩斯经济学发展决定论的学说，各国政府高度重视经济这一单一系统的发展，过于强调经济发展的重要性，到上世纪60年代这种单一的发展模式在很大程度上导致了全球性的生态环境退化等一系列问题，因此人类不得不重新考虑选择适宜于人类发展的经济发展模式，考虑经济增长以什么方式能在资源和环境的双重约束下有助于社会福利的进一步增加这一问题，至此有关复合系统协调发展的研究就拉开了帷幕。

　　Boulding从系统的角度分析了经济与环境之间的相关性，并倡导储备型、休养生息、福利型的经济发展模工，其目的在于建立"循环式"经济体系来代替"单程式"经济，这也是循环经济思想的开始萌芽。Mishen提出的Satiation论点和戴利提出的稳态经济的发展模式都认为环境资源是受约束的，Sctiovsky和Hirsch等就他们的观点进一步做了详细的阐明。而Georgescu-Roegen认为经济行为受热力学第一定律和热力学第二定律的制约，戴利的稳态经济并非是从根本上解决问题的方法，尤其是对于年轻的生态系统，解决经济与环境矛盾的出路在于：第一，生产具有更好耐用性的商品；第二，鼓励太阳能技术的应用。Gold和Schumacher指出"小型化经济"模式刺激消费的增长，造成不可再生资源的严重短缺和环境污染，加剧了人与自然的矛盾的观点。与此同时，Beckerman则认为在可预见的将米不存在不可再生资源的短缺，资源、环境问题仅仅是一个管理问题，是人与自然协调管理的问题。至1987年"可持续发展"思想提出后，复合系统协调发展研究才开始从可持续发展思想出发进行考虑。Norgaard提出了协调发展理论，认为通过反馈环在社会与生态系统之间可以实现共同发展。这一理论把经济发展过程看作是不断适应环境变化的过程。他指出西方的科学与一体化通过新技术控制自然界，而不注重社会与生态系统之间的深入联系，因此破坏了协调发展的模式。至此，展开了以围绕复合系统可持续发展为核心内容的各个领域研究，研究重点也由协调关系或协调度研究转向可持续度或可持续水平的研究，即可持续发展评价研究，其中以生态系统可持续发展和区域可持续发展研究最为广泛，成果最为显著。

（2）可持续发展模型研究

可持续系统协调发展模型是随着复合系统协调发展理论机制和协调发展内涵的完善而发展的，主要是用于测度复合系统内部结构关系、复合系统协调发展水平和协调度等方面的内容，从而为复合系统协调发展提供有实践意义的对策和建议。主要包括：投入产出模型、系统协力学模型、多目标规划模型、自组织模型、经济增长模型、复杂系统模型等。下面主要概述国外复合系统测度模型相关的研究成果。

复合系统协调发展模型分析始于20世纪60年代后期，Cumber和Daly首先将Leontief的投入产出模型应用于经济行为和环境相关性的研究。Leontief本人又进一步拓展了投入产出的应用，并开创了环境经济模型分析的新领域。Cunmb和Ctram将投入产出扩展模型应用于环境约束下的经济政策分析中，并且20世纪70年代出现的能源危机又推动了投入产出模型在能源使用及其能源相关污染物排放中的研究。

20世纪80年代，Hetteling在投入产出模型中增加了不同类别能源转换矩阵，分析电力、石油、煤等能源组成对环境与经济的影响。与此同时随着人类对环境与经济相关性的认识不断深化，环境与经济协调关系的定量分析也在不断总结和发展中，涌现出许多综合性模型，如通用平衡模型、环境经济决策与多目标规划模型、区域计划多方案模拟模型、生态模拟和经济优化综合模型等。Young-Seok Moon应用内生增长模型研究能源消费与经济增长的关系，并强调政府的调控作用。Bithas和Nijkamp提出在不确定信息下，利用专家知识系统进行环境—经济协调模型的建模方法。

与此同时，国外研究机构也开发了一系列复杂系统模型，如：

能源—经济—环境 CGE 模型、日本长冈理工大学于研究开发的 3Es-Model模型、国际应用系统分析研究所（IIASA）研究开发的 MESSAGE 模型、美国能源部（DOE）开发的 NEMS 模型、奥地利国际应用系统分析研究所（IIASA）与世界能源委员会（WEC）合作开发的 IIASA-WECE3 模型等，有着广泛的应用，其特点是结构复杂，在具体应用时对于各参数要综合考虑各国的国情来进行选择和设定，其主要功能是对整个能源—经济—环境系统的模拟和仿真，运用于世界上国家或地区的能源系统规划、能源经济战略分析以及能源环境分析问题的研究。

三、研究思路和方法

（一）研究的内容与方法

基于上述相关文献的分析，本书在借鉴现有研究成果的基础上，从系统论的角度将食物子系统和人口子系统纳入到 3E 系统中，并将区域 FEEEP 系统视为一个整体来展开研究，目的主要解决以下关键性的问题：从共生理论的角度分析区域 FEEEP 系统协调共生的内部结构，并界定协调发展的内涵及其量化分类；构建新的协调发展量化测度模型，并实证分析中国改革开放三十年来区域 FEEEP 系统协调发展规律，揭示中国 FEEEP 系统在发展过程中存在的问题；以共生理论为指导，分析区域 FEEEP 系统演化机制及路径，构建基于互利的 FEEEP 系统内部协调共生演化模型，分析其共生均衡条件及稳态特征；界定区域 FEEEP 系统技术效应内涵，并构建区域 FEEEP 系统技术效应测度模型，讨论中国省际 FEEEP 系统技术扩散效应。从全书的具体内容来看，分为六章。各章的主要内容如下：

第一章：绪论。主要介绍了论文选题的背景，相关研究的文献综述，研究的内容、方法及意义，文章的结构安排及主要创新之处。

第二章：区域 FEEEP 系统协调发展理论基础。主要概述了共生理论，并从共生理论的角度分析了区域 FEEEP 系统的内部结构关系，界定了区域 FEEEP 系统协调发展的概念及其特征，对区域 FEEEP 协调发展的量化进行了分类，为区域 FEEEP 系统协调发展提供了新的理论分析构架，也为以后各章的进一步分析奠定了理论基础。

第三章：区域 FEEEP 系统协调共生演化分析。主要分析了区域 FEEEP 系统的演化机制及演化路径特征，构建了基于互利共生关系的区域 FEEEP 系统协调共生模型，讨论了区域 FEEEP 系统内部协调共生动态稳态条件，并建立了局部稳态性测度方法，最后实证分析了区域 FEEEP 系统各系统演化路径及区域 FEEEP 系统内部稳态性。

第四章：区域 FEEEP 系统协调共生综合评价分析。首先对区域 FEEEP 系统协调发展水平进行测度分析。本章在概述了现有主要的复合系统协调发展水平测度模型后，指出了现有测度模型的缺陷及不足，并针对现有模型的缺陷提出了基于偏最小二乘（PLS）通径模型的协调发展水平测度模型；其次从总量、质量和结构三个维度构建了区域 FEEEP 系统协调发展水平指标体系；最后实证测度了改革开放三十年来中国 FEEEP 系统及各子系统的协调发展水平，总结了中国 FEEEP 系统协调发展水平的变化特征及其规律。然后是区域 FEEEP 系统协调度测度分析。

第五章：区域 FEEEP 系统协调共生稳态性分析。本章概述了可持续复合系统协调度测度方法；在协调度内涵的基础上分析了协调度类型，并构建了区域 FEEEP 系统协调度测度模型。

第六章：区域 FEEEP 系统协调发展对策分析。以上几章的研究表明，各子系统的协调度不是很高，甚至有些系统的发展水平处于衰退情况。而区域 FEEEP 系统的协调程度是由各子系统内部协调度所决定的。基于这个前提，为有效防止 FEEEP 系统问题对中国经济与社会带来的潜在不良影响，本章从内部子系统协调发展与整体系统协调发展出发，为解决我国经济发展水平同经济发展同人口、环境、食物、资源的矛盾提出相应建议。

（二）技术路线

本著作基本的研究思路和技术路线，如图1.1所示。

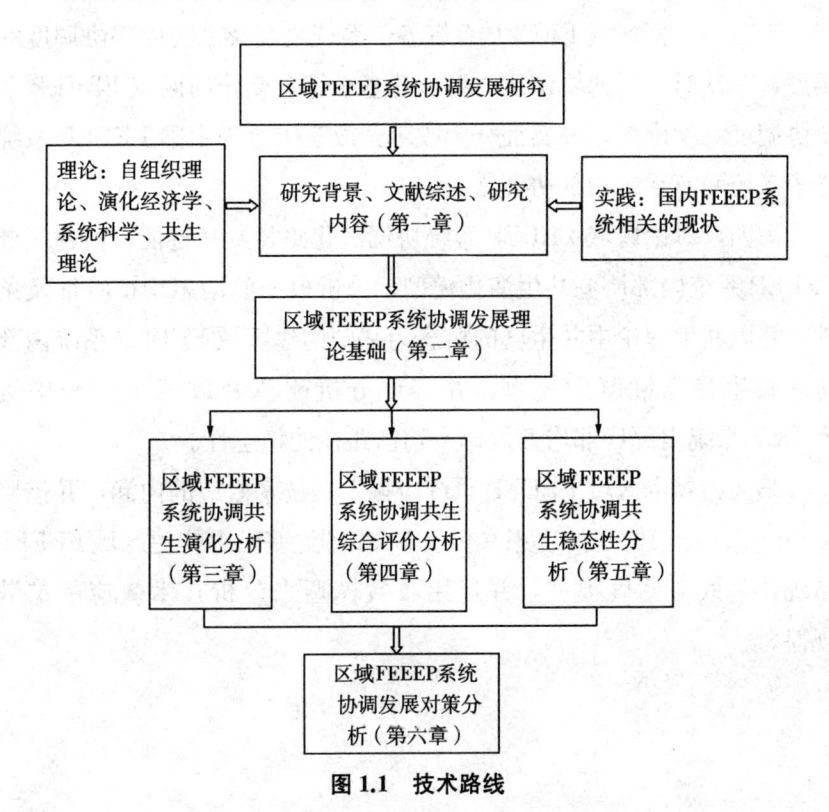

图1.1 技术路线

四、本书主要创新点

基于上述研究内容、研究方法及有关区域FEEEP系统研究的理论及实践意义的分析，本书主要拟从以下五个方面展开创新性的研究工作：

第一，以共生理论分析框架为基础，对区域 FEEEP 系统协调发展的内部结构关系、区域 FEEEP 系统系统协调发展的内涵、特征以及区域 FEEEP 系统协调发展量化分类展开分析。

第二，构建基 PLS 通径模型的区域 FEEEP 系统协调发展水平测度模型，并实证测度改革开放三十年来区域 FEEEP 系统及子系统的协调发展水平。

第三，分析区域 FEEEP 系统各子系统之间及系统内部协调度的类型，并针对不同的协调度类型构建基于综合变化的区域 FEEEP 系统协调度测度模型，并实证分析改革开放三十年来中国 FEEEP 系统各子系统间及系统内部协调度。

第四，讨论区域 FEEEP 系统协调演化路径及其特征，构建区域 FEEEP 系统内部协调共生演化模型，分析模型的动态均衡特征及条件，并以共生理论中共生度的概念为基础构建区域 FEEEP 系统内部协调共生稳态性测度模型，并实证分析改革开放三十年来中国 FEEEP 系统内部局部均衡规律及均衡路径的稳态性。

第五，界定区域 FEEEP 系统协调发展技术效应的内涵，并借鉴 Malmquist 指数构建的思想在传统 DEA 理论基础上构建区域 FEEEP 系统技术效应测度模型，并运用收敛模型来分析技术效应的扩散规律。

第二章

区域 FEEEP 系统协调发展理论基础

区域 FEEEP 系统是由食物、能源、经济、环境和人口五个系统所构成的一个具有高度复杂性、不确定性、多层次性的开放的巨复杂复合系统。从可持续发展的角度来看，FEEEP 系统所涉及的五个方面是区域可持续发展最关键的五个要素。由于可持续发展的实质指的是在一定时期和科学技术条件下，经济社会在人口、资源和环境三个约束条件下，持久、有序、稳定和协调地发展。因此当各种要素之间的协调发展能力强，意味着系统用较少的资源消耗和环境代价将会获得较大的经济发展，反之则存在相反的情况。可见从理论上研究 FEEEP 系统协调发展的内涵及规律，不仅有助于增强了解区域可持续发展能力及其存在的问题，而且也是促进 FEEEP 系统内部五个要素进入良性循环发展道路的根本前提。本章主要内容：在概述共生理论的基础上，从共生的角度分析了区域 FEEEP 系统的内部演化关系；从共生理论的角度界定了协调发展的概念，概括了区域 FEEEP 系统协调发展的特征；对区域 FEEEP 协调发展的量化进行了分类，为以后各章的进一步分析奠定理论基础。

一、共生理论概述

（一）共生理论的起源

"共生（symbiosis）"一词来源于希腊，其字面意义就是共同生活的意思，指的是两生物体生活在一起的交互作用，甚至包含不相似的生物体之间的吞噬行为。其生物学上的概念首先是由德国生物学家德贝里（Anton de Bary）在1879年提出来的，其原意是指不同种属之间按照某种物质联系生活在一起。随着人们对共生理论研究的不断深入，共生的思想和概念已不仅仅局限于生物学这一学科，而是广泛应用于经济、管理、社会和政治等有关社会科学的各个领域。上世纪末我国学者袁纯清成功地将共生理论引入经济学领域，指出共生不仅是一种生物现象，也是一种社会现象，不仅是一种自然状态，也是一种可塑形态，从而在理论上证实了在经济、生态、社会等一些复合系统中也广泛存在生物学上的共生现象。下面就共生理论做一简要概述。

从共生的本质来看，一般来说，共生包含三个要素，即：共生单元（U）、共生模式（M）和共生环境（E）。而且这三个要素也不是以一个独立的个体存在于共生组织之中，而是相互依存、相互耦合的共同体。

1. 共生单元

共生单元指的是构成共生体或共生关系的基本能量生产和交换单位，它是形成共生体的基本物质条件。因此，如何描述共生单元也就成为共生理论分析的基础。通常可以从两条路径来描述共生单元：一条是共生单元的内部特征。一般把反映共生单元内在性质的因素称为质参量，也即是指决定共生单元内在性质及其变化的因素。对于任何共生关系中的共生单元来说，其质参量并不是唯一的，多数情况下是一组质参量，这组质参量共同决定共生单元的内部性质，而且这一组中每个质参量的地位也是随时间的不同也可能发生变化的。而在特定的时空条件下往往有一个质参量起主导作用，称之为主质参量，其它质参量是围绕这个主导质参量服务的。主质参量在共生关系中起着支配性关键作用。如：在经济系统中，描述经济系统状况的指标变量很多，但主质参量可以用GDP来表示。另一条是共生单元的外部特征。把反映共生单元外部特征的因素叫做象参量。

同样，共生单元象参量也不是唯一的，而是一组象参量，且这些象参量是从不同的角度分别反映共生单元的外部特征的。如：在经济系统中第三产业占 GDP 比重、全社会劳动生产率等。任何共生单元都是由质参量和象参量来共同描述的，质参量的变化往往会引起共生单元的突变，而象参量的变化一般不会引起共生单元的突变。质参量的变化一般决定或引起象参量的变化，而象参量的累积变化也会对质参量产生影响。共生单元存在和发展的基本动力是质参量和象参量的相互作用，同时也是共生关系形成和发展的内在依据和基本条件。因此，掌握共生单元的质参量和象参量是判别共生关系的核心。

2. 共生模式

共生模式也叫共生关系，指的是共生单元相互作用的方式或相互结合的形式。在本质上共生模式既反映了共生单元之间的作用方式、相互作用的强度，也反映了共生单元之间的物质信息交流关系、能量互换关系。

从行为方式上来看，主要有四种模式：寄生关系、偏利共生关系、非对称性互惠共生、对称性互惠共生。四种关系的特点如表 2.1 所示。

表 2.1 四种共生行为模式简要比较

特征项目	寄生	偏利共生	非对称互惠共生	对称互惠共生
共生单元特征	1. 共生单元在形态上存在明显差异； 2. 同类单元亲近度要求高； 3. 异类单元只存在单向关联。	1. 共生单元形态方差较大； 2. 同类单元亲近度要求高； 3. 异类共生单元存在双向关联。	1. 共生单元形态方差较小； 2. 同类共生单元亲近度存在明显差异； 3. 异类单元之间存在双向关系。	1. 共生单元形态方差趋近于 0； 2. 同类共生单元亲近度相同或相近； 3. 异类单元之间存在双向关联。

续 表

特征项目	寄生	偏利共生	非对称互惠共生	对称互惠共生
共生能源特征	1. 不产生新能量； 2. 存在寄生向寄生者能量的转移。	1. 产生新能量； 2. 一方获取全部新能量，不存在新能量的广普分配。	1. 产生新能量； 2. 存在新能量的广普分配； 3. 广普分配按非对称机制进行。	1. 产生新能量； 2. 存在新能量的广普分配； 3. 广普分配按非对称机制进行。
共生作用特征	1. 寄生关系并不一定对寄生主有害； 2. 存在寄主与寄生者的双边单向交流机制； 3. 有利于寄生者进化，而一般不利于寄主进化。	1. 对一方有利而对另一方无害； 2. 存在双边双向交流； 3. 有利于获利方进化创新，对非获利方进化无补偿机制时不利。	1. 存在广普的进化作用； 2. 不仅存在双边双向交流，而且存在多边多向交流； 3. 由于分析机制的不对称，导致进化的非同步性。	1. 存在广普的进化作用； 2. 既存在双边交流机制，又存在多边交流机制； 3. 共生单元进化具有同步性。

从组织方式来看，也主要有四类模式：点共生模式、间歇共生模式、连续共生模式和一体化共生模式。四种模式的具体特点如表 2.2 所示。

表 2.2 四种共生组织模式简要比较

特征项目	点共生模式	间歇共生模式	连续共生模式	一体化共生模式
概念	1. 在某一特定的时刻共生单元具有一次相互作用； 2. 共生单元只有某一方面发生作用； 3. 具有不稳定性和随机性。	1. 按某种时间间隔 t 共生单元之间具有多次相互作用； 2. 共生单元只在某一方面或少数方面发生作用； 3. 共生关系有某种不稳定性和随机性。	1. 在一封闭时间区间内共生单元具有连续的相互作用； 2. 共生单元在多方面发生作用； 3. 共生关系比较稳定且具有必然性。	1. 共生单元在一封闭时间区间内形成了具有独立性质和功能的共生体； 2. 共生单元存在全方位的相互作用； 3. 共生关系稳定且有内在必然。

续 表

特征项目	点共生模式	间歇共生模式	连续共生模式	一体化共生模式
共生界面特征	1. 界面生成具有随机性； 2. 共生介质单一； 3. 界面不稳定； 4. 共生专一性水平低。	1. 界面生成既有随机性也有必然性； 2. 共生介质少但包括多种介质； 3. 界面较不稳定； 4. 共生专一性水平较低。	1. 界面生成具有内在必然性和选择性； 2. 共生介质多样化且有互补性； 3. 界面比较稳定； 4. 均衡时共生专一性水平较高。	1. 界面生成具有方向性和必然性； 2. 共生介质多元化且存在特征介质； 3. 界面稳定； 4. 均衡共生专一性水平高。
开放特征	1. 一般对比开放度远远大于1，即共生单元更依赖于环境； 2. 共生关系与环境不存在明显边界。	1. 对比开放度在1附近波动，共生单元有时依赖环境，有时依赖共生关系； 2. 共生关系与环境存在某种不稳定的边界。	1. 对比开放度大于0但小于1，共生单元更多地依赖共生关系而不是环境； 2. 共生关系与环境存在某种较稳定但较不清晰的边界。	1. 对比开放度远远小于1而大于0，共生单元主要依赖共生关系； 2. 对环境的开放表现为共生体整体的对外开放； 3. 共生体与环境存在稳定、清晰的边界。
分配特征	1. 从总体上来看，分配特征取决于共生行模式； 2. 点共生模式只要求 $k_{si} \geq k_{min}$ 即不小于环境中的最低分配系数。	1. 从总体上看，分配特征取决于共生行为模式； 2. 间歇共生模式的分配特征是：$k_{si} \geq (1+Ct) k_{min}$。$Ct$ 为间接共生模式能量转换系数。	1. 从总体上看，分配特征取决于共生行为模式； 2. 连续共生模式的分配特征是：$(1+Ctp) k_{min} \leq k_{si} \leq (1+a0) k_{sm}$。$Ctp$ 是连续共生模式能量转换系数。	1. 从总体上看，分配特征取决于共生行为模式； 2. 一体化共生模式的分配特征是：$(1+Cs) k_{min} \leq k_{si} \leq (1+a_0) k_{sm}$。$Cs$ 是一体化共生模式能量转换系数。
阻尼特征	1. 与环境交流的阻力和内部交流阻力较接近； 2. 界面阻尼作用最明显； 3. 分配关系一般不影响阻尼特征。	1. 与环境交流阻力大，内部交流阻力较小； 2. 界面阻尼作用较明显； 3. 分配关系对阻尼特征影响较小。	1. 与环境交流阻力大，而内部交流阻力小； 2. 界面阻尼作用较低； 3. 分配关系对阻尼特征影响较大。	1. 与环境交流阻力大，而内部交流阻尼很小； 2. 界面阻尼作用最低； 3. 分配关系对阻尼特征影响最大。

续 表

特征项目	点共生模式	间歇共生模式	连续共生模式	一体化共生模式
共进化特征	1. 事后分工； 2. 单方面交流； 3. 无主导共生界面； 4. 共进化作用不明显。	1. 事后事中分工； 2. 少数方面交流； 3. 无主导共生界面； 4. 有较明显的共进化作用。	1. 事中、事后分工； 2. 多方面交流； 3. 可能形成主导共生界面和支配介质； 4. 有较强的共进化作用。	1. 事前分工为主，全线分工； 2. 全方位交流； 3. 具有稳定的主导共生界面和支配介质； 4. 有很强的共进化作用。

3. 共生环境

共生环境指的是共生单元以外的所有因素的总称，它是共生关系产生和发展的基础。共生关系存在的环境往往是多重的，不同种类的环境对共生关系的影响也是不同的。按影响的方式不同，可以分为直接环境和间接环境；按影响的程度不同，可以分为主要环境和次要环境。共生环境的影响往往是通过一些环境变量的作用来实现的。共生环境相对于共生单元和模式是外生的，也是难以抗拒的。

4. 共生三要素之间关系

任何共生关系都是共生单元（U）、共生模式（M）和共生环境（E）三要素之间相互作用的结果，这种关系不仅反映共生的条件、性质和特征，也反映共生的动态变化方向和规律。如果用 $\vec{S}$ 代表共生关系，$\vec{S}=(S_1, S_2, \cdots\cdots, S_n)$，$\vec{U}$ 代表共生单元，$\vec{U}=(U_1, U_2, \cdots\cdots, U_m)$，$\vec{M}$ 代表共生模式，$\vec{M}=(M_1, M_2, \cdots\cdots, M_k)$，$\vec{E}$ 代表环境，$\vec{E}=(E_1, E_2, \cdots\cdots, E_l)$，$n$、$m$、$k$、$l$ 可以相等也可以不等，则 $\vec{S}\equiv(\vec{U}, \vec{M}, \vec{E})$。可见，任何共生关系都是一组单元、模式和环境的组合，其中共生模式是关键，共生单元是基础，共生环境是重要的外部条件。三要素之间的关系如图 2.1 所示。在图 2.1 中 U_1 和 U_2 表示两个共生单元，M_i 表示两共生单元之间的共生模式，E_a，E_n，E_p 分别表示正向、中性、反向三类外部环境，正向表示环境对共生关系起激励和积极作用，反向环境对共生环境起抑制和消极的作用，中性环境则对共生环境既无积极作用也无消极作用。图 2.1 箭头表示的是物质、信息或能量的流向。

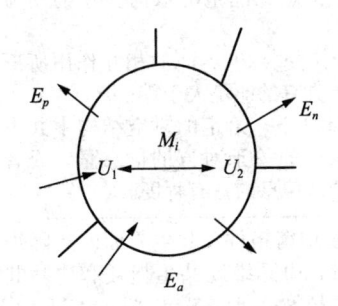

图 2.1 共生三要素关系示意图

（二）共生概念界定

1. 共生条件

分析共生条件是明确共生之所以发生的根本，也是共生理论的重要内容。主要包括共生的必要条件、充分条件，均衡条件和稳定。各种共生条件的具体特征如表 2.3 所示。

表 2.3 共生条件简要概述

共生条件类型	条件描述	条件性质
共生必要条件	1. 共生单元之间至少有一组质参量兼容，即共生单元之间至少存在一组质参量可以相互表达； 2. 共生单元至少能生成一个共生界面，而且可以同时在共生界面自主活动； 3. 同类同代共生单元的同质度应不小于某一临界值，同类异代共生单元亲近度也应不小于某一临界值，而异类共生单元之间的关联度也应不小于某一临界值共生关系才有可能发性。	反映构成共生关系的共生单元必须具备的基本条件；属于静态条件。

续表

共生条件类型	条件描述	条件性质
共生充分条件	1. 共生单元之间通过共生界面能够顺利地进行物质、信息或能量的交流，即共生界面上物质、信息或能量的双向交流的动力大于阻力； 2. 共生单元通过共生界面的相互作用所形成的共生体具有的能量大于零； 3. 在封闭条件下，给定的时空结构中共生单元具有累积的关于对方的信息量，或者有对对方全部信息的占有程度。	共生赖以实现的配套条件；属于静态条件。
共生均衡条件	1. 共生维度均衡条件。共生界面的边际维度共生能量、边际维度共生损耗和边际共生能量三者相等；即：$M_{\eta s} = M_{\eta c} = M_{\eta e}$。 2. 共生密度均衡条件。即共生界面的边际密度共生能量、边际密度共生损耗和边际共生能量三者相等。即：$M_{\rho s} = M_{\rho c} = M_{\rho e}$。	反映共生的总量均衡特征，属于共生的动态条件。
共生稳定条件	1. 共生稳定匹配条件。在给定的信息状态下，亲近度最高的同类共生单元之间或关联度最大的异类共生单元之间的共生是最稳定的；在不完全信息条件下，在亲近度或关联度识别中，信息丰度最高的共生单元最先进入共生体系，随着信息丰度的提高，亲近度或关联度较高的共生单元将替代亲近度或关联度较低的共生单元。反映共生单元之间的内在联系也即质参量之间的必然联系。 2. 共生稳态分配条件。$E_{si}/E_{ca} = k_{sm}$，其中E_{si}和E_{ci}分别为第i个共生单元的共生能量和共生损耗，k_{sm}为共生稳定的分配系数；当共生体系存在偏离系数a时，$k_{si} = (1+a)k_{sm}$，$(a \leqslant a_0)$称为扩殿的共生稳定分配条件，其中a_0为共生体系不解体的临界非对称分配系数。	描述共生同部结构稳态特征，属于共生的动态条件。

2. 共生系统

一般系统论提出者美籍奥地利生物学家贝塔朗菲认为系统是相互作用诸元素的复合体，或相互联系的诸元素的复合体。可见，系统是多个组成元素和诸元素之间相互作用与相互联系的一切关系的总和。共生系统指的是由共生单元按某种共生模式和共生类型构成的共生关系的集合。其中共生单元构成了共生系统的要素,共生模式和共生类型则决定系统的结构。

从共生系统的状态来看,由于共生系统是作为按某种共生组织模式和共生行为模式构成的共生关系的集合,从上述共生模式来看,可以对共生组织模式和共生行为模式进行组合,并得到共生系统的十六个基本状态。其中 S 为共生状态,P 为共生行为模式,M 为共生组织模式,具体共生状态见表2.4。

从表2.4可以看出,共生系统有两个变化方向,一个是向组织化程度提高、共进化作用增强的过程,另一个是共生能量分配对称性提高的过程,这两个方向也代表了共生进化的两个方向。表2.4代表了任何共生系统可能存在的基本状态,对这些状态的分析与研究也是共生理论分析的基本内容。

表2.4 共生系统状态表

共生状态	点共生 (M_1)	间歇共生 (M_2)	连续共生 (M_3)	一体化共生 (M_4)
寄生(P_1)	$S_{11}(P_1,M_1)$	$S_{12}(P_1,M_2)$	$S_{13}(P_1,M_3)$	$S_{14}(P_1,M_4)$
偏利共生(P_2)	$S_{21}(P_2,M_1)$	$S_{22}(P_2,M_2)$	$S_{23}(P_2,M_3)$	$S_{24}(P_2,M_4)$
非对称互惠共生(P_3)	$S_{31}(P_3,M_1)$	$S_{32}(P_3,M_2)$	$S_{33}(P_3,M_3)$	$S_{34}(P_3,M_4)$
对称互惠共生(P_4)	$S_{41}(P_4,M_1)$	$S_{42}(P_4,M_2)$	$S_{43}(P_4,M_3)$	$S_{44}(P_1,M_4)$

3. 共生系统基本原理

共生系统的基本原理是反映共生系统在形成和发展中的一些内在必然联系,是共生系统赖以形成和发展的基本规则。从具体内容来看,主要有以下五个原理:

(1) 质参量兼容原理

质参量兼容指的是共生单元的质参量可以相互表达的特性,这是共生关系赖以存在的基础。质参量兼容原理提示了共生关系形成的基本决定因素，同时也提示了质参量兼容的方式与共生模式之间的对应关系。通常质参量兼容方式决定了共生单元的共生模式；随机性兼容一般对应点共生模式；不连续的因果性兼容一般对应间歇共生模式；连续的因果兼容一般对应的是连续共生模式或一体化共生模式。

(2) 共生能量生成原理

共生能量是共生系统生存和增殖能力的具体体现，是共生单元通过共生界面作用所产生的物质成果，是共生系统及共生单元的质量提高和数量扩张的前提条件。共生能量生成原理表明：一是全要素共生度并不等于单要素共生度的简单累加，而是所有单要素共生度总和与界面特征值倒数的积；二是共生能量与全要素共生度具有一定的对应关系。只有当全要素共生度大于零共生系统才产生共生能量，而且全要素共生度越高，共生能量越大，反之则越小；三是共生能量还受共生密度和共生维度的影响，而且在全要素共生度一定的情况下，共生密度和共生维度起关键作用。

(3) 共生界面选择原理

共生界面选择不仅决定共生单元的数量和质量，而且还决定共生能量的生产和再生产方式。共生对象的选择与能量使用方式选择是任何共生系统的界面选择机制的两个方面，而且这两个方面具有密切的联系。共生对象的选择在不完全信息条件下采用竞争性选择规则，而在完全信息条件下采用非竞争性亲近度规则和关联度规则；共生能量使用的选择在完全非密度制约条件下，采用 r 选择规则，在完全密度制约条件下采用 k 选择规则，其中 k 选择指的是共生能量用于共生单元数量增殖的比重，r 选择是指共生能量用于共生单元功能改进的比重，且 $r+k=1$。共生对象的选择规则提示了信息条件与对象选择的关系，在既定的亲近度或关联度标准下，信息越不完全，竞争性选择越有效，反之，信息越完全，非竞争性选择越有效;共生能量使用的选择规则提示了密度条件与共生能量再生产的关系,密度制约程度越高,k 选择越有效,密度制约程序越低,r 选择越有效;在非完全密度制约的条件下,假设有能量使用选择系数 β,$\beta = \frac{r}{k}$,则 $\beta \in (0, \infty)$,此时为混合选择,既有 k 选择又有 r 选择,共生系统则既有数量扩张又有质量提高的过程。

(4) 共生系统相变原理

共生系统相变指的是系统从一种状态向另一种状态的转变过程,根据相变的性质可以分为 M 型相变和 P 型相变,以及连续相变和不连续相变。假设共生系统 S,有质参量 Z,且存在 $Z = Z(\alpha, \beta, \delta)$,式中 $\alpha = \frac{\sum_{i=1}^{m} k_{si}}{m * k_{sm}} - 1$ 为系统平均非对称分配因子;$\beta = \frac{r}{k}$ 为能使用系数;$\delta = \delta_s = \frac{1}{\lambda} \sum_{i=1}^{m} \delta_{si}$ 为全要素共生度。α,β 和 δ 的变化都会引起质参量 Z 的变化。对任意 X(X 可分别代表 α,β 或 δ),若存在向量 $\vec{X}$ 满足 $\frac{\partial Z}{\partial \alpha} = 0$,则 $\vec{X}$ 的任意点都是质参量 Z 的突变点,这样由 α,β 和 δ 所引起的共生系统的相变分别称为 α,β 和 δ 相变。α 相变主要引起共生行为模式的变化,属于 P 型相变,δ 相变主要引起共生组织模式的变化,属于 M 型相变,属于 P 型相变,β 相变既可引起共生模式变化也可能引起共生类型变化,属于混合相变。当 $\alpha \to 0$,$\beta \to \beta_0$(临界值),$\delta \to C(C > 0)$ 的相变是进化相变;$\alpha \to 1$,$\beta \to \beta_c$($\beta_c \neq \beta_0$),$\delta \to C'(C' < 0)$ 的相变是退化相变。

(5) 共生系统进化原理

共生系统进化理论认为在共生系统中不同的共生单元在进化中的地位和作用往往是不同的,并把具有最大单要素共生度的共生单元称为关键共生因子,而且这一关键共生因子也是随着共生关系状态的变化而变化;共称性互惠共生是共生系统进化的一致方向是生物界和人类社会进化的根本法则,所有系统中对称性互惠共生系统是最有效率也是最稳定的系统,任何具有对称性互惠共生特征的系统在同种共生模式中均具有最大的共生能量;在任何具有非对称性共生特征的系统在同种模式中,关键共生因子分配的非对称性越小所具有的共生能量越大;能量使用选择系数越服从密度制条件,共生系统进化越快。共生系统进化原理反映了共生进化的本质,揭示了共生进化的基本规律,对我们认识自然共生系统和构造社会共生系统具有不可替代的作用。

(三) 共生分析方法

共生理论分析的基本逻辑是认识共生现象、探索共生的客观规律、揭示共生单元之间,共生单元与共生系统之间以及共生系统与环境之间必然联系的基本思路。其基本分析逻辑框架如图2.2所示。

由图2.2可以看出,该逻辑分析图一共有8个判据,是判断共生系统演化变迁的基本结点。判据1、判据2和判据3分别是对共生单元之间的质参量兼容、共生组织模式和共生行为模式的判断。判据1的判断依据主要是表2.3中对共生必要条件和充分条件的判断,同时这也是共生质参量兼容原理具体体现,是判断共生现象是否存在的前提性条件;判据2和判据3是在判据1通过的基础上所进行的判断,由共生的特征来判断共生现象属于哪种组织模式,由共生能量特征和共生分配特征来判断共生现象属于哪种行为模式,进而判断共生系统具体的组合状态,具体模式如表2.1、2.2、2.3所示,这也是共生能量生成原理和共生界面选择原理的体现;判据4和判据5是以共生能量生成原理和共生界面选择原理为指导的判据,共生能量是共生系统存在和发展的基本条件,界面选择则决定了共生系统与环境的关系;判据6、判据7和判据8则是对共生系统动态演化规律的判断。其中相变性质对共生系统的变化方向产生决定性的影响,进化法则则反映了共生单元之间及共生单元与共生系统之间关系的根本变化方向，稳定性则是判断共生系统的稳定程。这三个判据集中反映了共生系统相变原理和共生系统进化原理，并且是共生均衡条件和稳定性的具体体现。

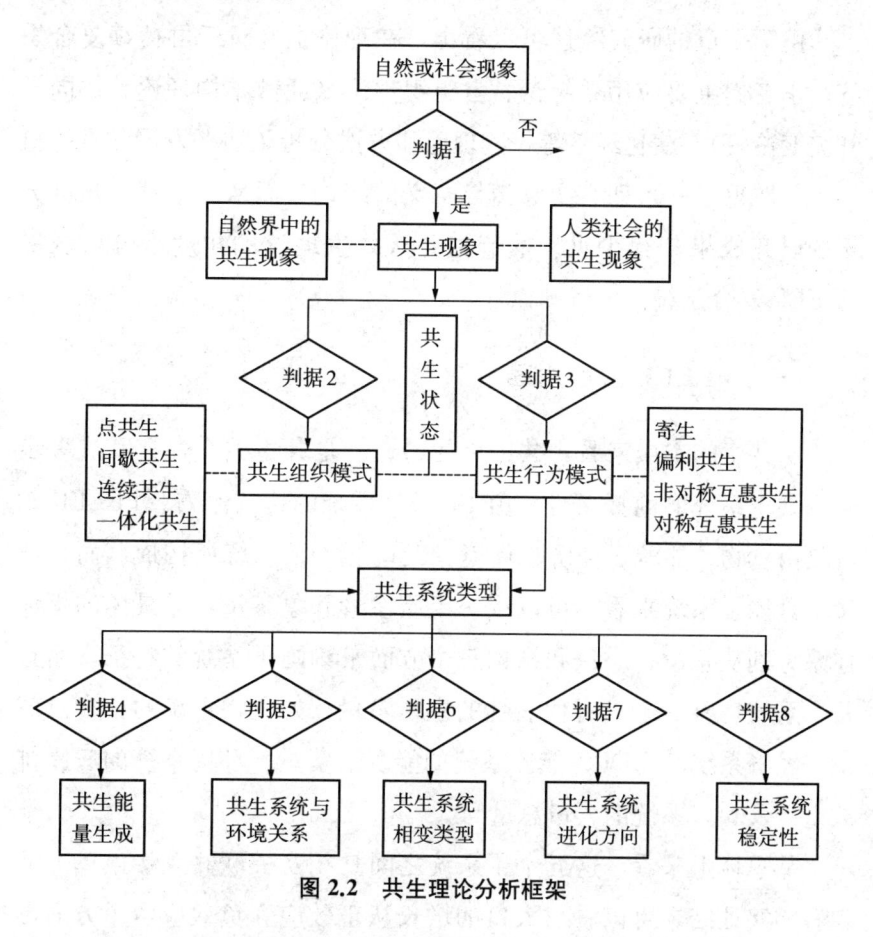

图 2.2 共生理论分析框架

上述八个判据是构成共生分析基本框架的基础，每个判据都是从一个方面反映共生系统或共生关系的性质或特征，是认识自然共生系统和社会共生系统的基本依据，但在具体共生系统分析中，往往是不需要对全部八个判据全部进行分析，而只是部分判据的组合。

二、FEEEP 系统分析

由第一章的研究综述可以看出，在理论上，对于可持续复合系统，学者们主要应用系统论、自组织理论（耗散结构理论、协同学和突变论等）、演化经济等一些理论和方法分析了协调发展的理论机制，并取得了一系列有实际指导意义的结论，而从共生理论角度分析的研究成果却很少见。本节主要从共生理论的角度来分析区域 FEEEP 复合系统。

（一）FEEEP 系统内涵

从共生的本质来看，共生单元的选择是共生关系存在和进一步分析共生系统的前提条件。由 FEEEP 系统的构成来看，FEEEP 系统是由食物、能源、经济、环境、人口五个子系统所构成。而且从每个具体子系统来看，可以用一组质参量和象参量，即具体的指标体系分别从总量、质量和结构三个方面来刻画子系统的特征，而且每个系统均有一个具有代表性的主质参量，如食物系统的粮食总产量、经济系统的 GDP、能源系统的能源消费量、环境系统的三废排放量以及人口系统的人口总量等。

从总体上来看，这五个子系统之间是相互关联相互影响的。从现有的实证结果可以看出人口的增长从正效应和负效应两个方面影响着资源环境和经济社会的发展[1]，GDP 则与能源总消费和具体的能源消费（包括煤、石油、天然气和水电力等）之间存在着长期的均衡关系。我国经济的持续增长对能源消费具有很强的依赖性[2]，能

---

[1] 王婷，吕昭河. 人口增长、收入水平与城市环境 [J]. 中国人口资源与环境，2012，22（4）：143—149.

[2] 赵进文，范继涛. 经济增长与能源消费内在依从关系的实证研究 [J]. 经济研究，2007，（8）：31—42.

源的大量消耗,尤其是以煤炭为主的能源消耗是导致我国环境污染的主要因素[1]。可见,我国工业的高速发展在很大程度上是以资源的消费和环境的破坏为代价的,我国经济的增长也越来越接近资源和环境条件的约束边界,而环境的破坏势必会带来生态系统的恶化、耕地面积的减少、自然灾害的加剧,人们赖以生存的粮食供应系统也必然会受到影响。

可见,FEEEP系统演化发展、内部基本能量的生产和交换均是由其内部五个子系统相互影响、相互作用而来的。因此,从共生单元的概念来看,可以将食物、能源、经济、环境、人口五个子系统视为FEEEP系统的共生单元。

(二) FEEEP系统特性

区域FEEEP系统是一个复合的社会系统,因此从本质上看,FEEEP系统具有一般系统典型的八个特征,学者们也从不同的理论角度概括了可持续复合系统的特征。本节主要从共生理论角度总结区域FEEEP系统的特征。主要包括以下四个特征:

1. 多重性

FEEEP系统包含有多重共生关系,每个共生单元均存在相互关联、相互影响的双向对应关系,这种关系具有典型的立体的、网络的和同步性的特点。在这些共生关系中是以人口系统与食物、能源、经济、环境系统关系为主导关系或支配地位的关系,并决定着FEEEP系统的演化方向和速度。因此,可以看出多重性反映了FEEEP共生系统的复杂性和多样性。

2. 共进化性

FEEEP系统内的共生单元之间、共生单元与共生系统之间存在

---

[1] 胡绍雨. 我国能源、经济与环境协调发展分析 [J]. 技术经济与管理研究, 2013, (4): 78—82.

一种相互促进、相互激发的作用,这种作用加速了 FEEEP 系统共生单元之间的进化创新,并提高了各共生单元的生存能力。这种共进化性从另一角度来说也可以理解为抗退化的作用,即通过 FEEEP 系统共生单元之间的结合可以阻抗或削减因环境因素的变化而造成的共生单元的退化作用。

3. 不可逆性

FEEEP 系统是一个不可逆的系统,这种不可逆性主要表现在两个方面:一是 FEEEP 系统内任何共生单元一旦渗入共生系统,不论从哪种模式和哪种类型发展,其进化发展就会与共生系统密切联系在一起,而当其退出系统时,不可能还原到原有状态,而总是带着共生系统的烙印;二是 FEEEP 系统的进化发展都具有不可还原性,即当 FEEEP 从一种状态转换到另一种状态后是不能还原的,因为任何系统都是时间、共生和共生模式及共生类型的函数,即使其他因素是可逆的,而时间也是不可逆的。

4. 自主增容性

指的是 FEEEP 系统具有自主控制的增容特征,包括维度增容和密度增容,但在一定的时期也会按照图 2.4 的反方面变化,表现为维度缩容和密度缩容。增容反映系统的扩张能力或系统内共生单元的繁殖能力。FEEEP 系统的维度增容或密度增容均是以 FEEEP 系统共生能量的生成为前提的。

(三) FEEEP 系统相互关系

由上述的分析可以看出,FEEEP 系统内各子系统质参量之间存在相互关联关系并产生新的能量,因此 FEEEP 系统是满足共生必要条件和共生充分条件的共生系统。同时从 FEEEP 系统本质属性来看,FEEEP 系统是以人类活动为基础的社会系统,其共生关系主要表现为两类:一类是以人口系统对其它子系统的关系。这是一种主动关系,主要表现为由人类的活动对食物、能源、经济和环境影响;

另一类是由人类活动所引致的各子系统对人口系统及各子系统之间的关系。这类关系也叫做间接引致关系，是一种被动的关系。从共生单元相互作用的结果来看，主要有两类结果：一类是正向的结果。即区域FEEEP系统整体效益提高的过程，表现为系统共生能量的增加；另一类是反向的结果。即区域FEEEP系统整体效益下降的过程，表现为系统共生能量的减少。

依据图2.1可以画出FEEEP系统正向关系的内部结构图，如图2.3所示。由图2.3可以看出，每个子系统均可以从总量、结构和质量三维度选取相应的指标来进行刻画。尖头指向表明该子系统对另一个子系统的影响。从人口系统来看，它是FEEEP系统赖以存在的基础，人口系统为食物系统和能源系统提供必要的劳动力资源和智力资源，是经济系统消费的主体，同时还产生生活排放等环境污染，这就使得食物、能源、经济和环境系统循环存在；同时食物系统和能源系统又为人口系统的发展提供相应的生活必需品和劳动资料，经济系统则为人口系统提供必需的生活保障，环境系统则为人口系统的存在提供必需的生存环境，如：水资源环境、大气环境和土地等。从其他几个子系统之间的关系来看，也存在双向的影响关系，如食物的生产需要一定量的能源来支撑，从而带来更多能源的消耗，而能源的大量消费不仅产生现在日益严重的能源危机问题，而且还通过环境的污染对食物系统的产量、质量产生重大的影响；经济系统为其他子系统提供必备的资金保障，但经济系统的发展也有赖于能源系统的生产资料、食物系统生活资料以及环境系统的支持等。从外部条件来看，FEEEP系统各子系统与外部条件均存在一定的联系，如：国际粮食价格的波动会影响国内粮食的产量、外界能源开发和利用的动态变化也会影响指定区域内部能源战略规划、人口流动以及外部经济和生态环境的变化也会对FEEEP系统产生较大的影响。可见FEEEP系统是一个内部相互交流、相互影响的开放型系统。

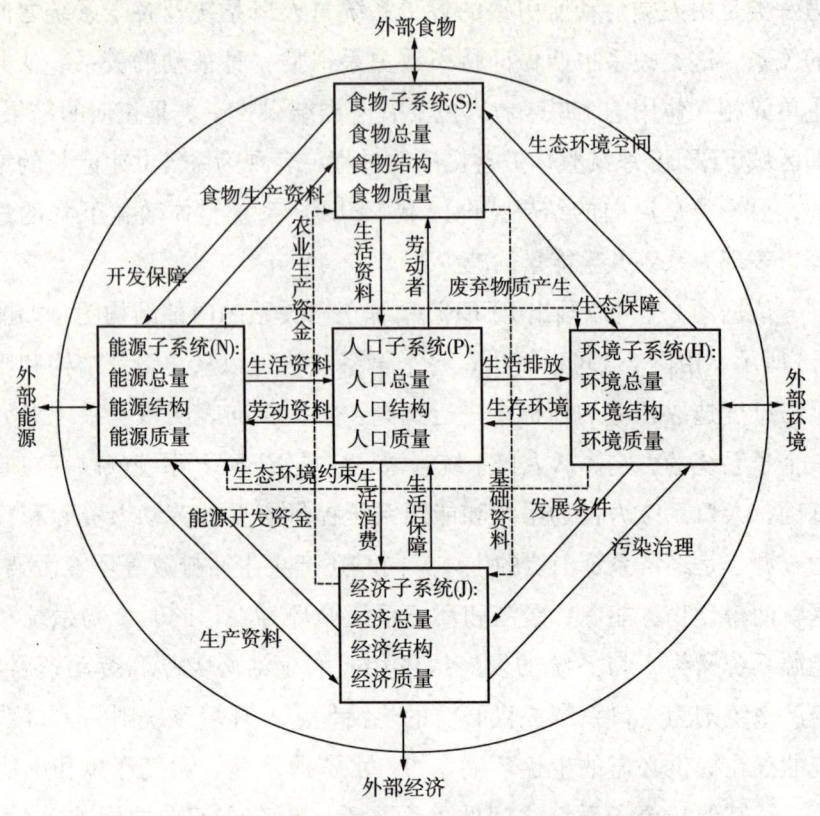

图 2.3 区域 FEEEP 系统正向共生内部结构图

鉴于人类有意识的活动对 FEEEP 系统具有正向的调控作用，因此，从长期来看，在整体上区域 FEEEP 系统将具有正向循环效益趋势，也将产生正向新的能量。但从短期来看，区域 FEEEP 系统将按图 2.4 运行，即经济的高速发展和人口的快速增长，将会带来工业和农业的过度增长，这样就会在一定程度上带来环境的污染和资源的过度开采并引起生态环境的恶化，而环境和资源的双重约束则又导致工业和农业发展的缓慢或停止，并最终导致社会的不可持续性，但这种不可持续性通常会由于人类的活动调控而不会长久，但也是 FEEEP 系统发展过程不可避免会出现的一个过程。

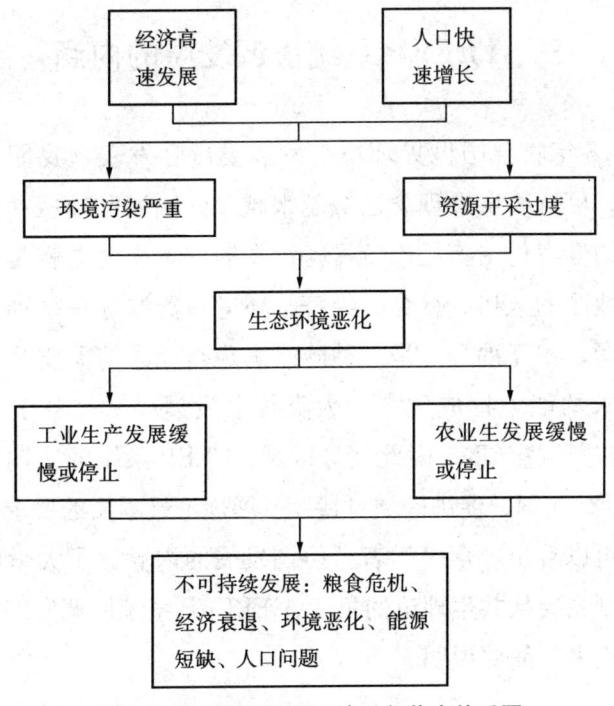

```
          ┌──────────┐    ┌──────────┐
          │ 经济高   │    │ 人口快   │
          │ 速发展   │    │ 速增长   │
          └────┬─────┘    └────┬─────┘
               │               │
          ┌────▼─────┐    ┌────▼─────┐
          │环境污染严重│    │资源开采过度│
          └────┬─────┘    └────┬─────┘
               │               │
               └──────┬────────┘
                 ┌────▼─────┐
                 │生态环境恶化│
                 └────┬─────┘
          ┌──────────┼──────────┐
    ┌─────▼──────┐         ┌────▼──────┐
    │工业生产发展 │         │农业生发展  │
    │缓慢或停止  │         │缓慢或停止  │
    └─────┬──────┘         └────┬──────┘
          └──────────┬──────────┘
              ┌──────▼──────────┐
              │不可持续发展：粮食危机、│
              │经济衰退、环境恶化、能源│
              │短缺、人口问题        │
              └─────────────────┘
```

图 2.4 区域 FEEEP 系统反向共生关系图

从共生理论分析框架来看，上面有关 FEEEP 系统相互关系的分析主要针对判据 1、判据 2、判据 3 和判据 4 进行判断分析的，因此可以得出以下三个结论：一是 FEEEP 系统是一个具有典型共生关系的共生系统，每个子系统即是共生系统的共生单元，每个共生单元均可由一组质参量和象参量来反映出其本质特性，满足共生理论的充要条件及质参量兼容原理；二是 FEEEP 系统从长期来看将会生成具有正向的共生能量，这种能量是 FEEEP 系统得以存在和发展的基础，满足共生理论的能量生成原理；三是 FEEEP 系统在共生组织模式上具有典型的一体化模式；而 FEEEP 系统的共生行为模式在短期具有非对称性互惠共生的模式，而在长期则具有对称性互惠共生的模式。

三、FEEEP系统协调发展的内涵

自1978年联合国世界环境与发展委员会发表《我们共同的未来》以来,可持续发展理念已被越来越多的国家和地区接受,并采取一系列的方案付诸实施。就可持续发展的本质来看就是指一个国家或一个地区的人口、社会、经济、环境和资源等一系列组成单元的相互协调、相互耦合,是一种既能满足当代人的需要又不对满足后代人需求的能力构成危害的人类社会发展模式。鉴于当今社会FEEEP问题日益严重,因此促进区域FEEEP系统的协调发展将是解决FEEEP问题、促进区域可持续发展理论最本质的要求。由第一章的综述可以看出,众多学者就协调发展的内涵做了大量的研究工作,本节则主要从共生理论的角度就FEEEP系统协调发展的相关概念及其分类做一简要说明。

(一)定性

"协调"一词从其字面含义来看,在《新华字典》中主要有两种含义:一种是配合得当意思;另一种是和谐一致的意思。而发展则是指系统或组成元素本身从小到大、从简单到复杂、从低级到高级、从无序到有序的变化过程;反之称之为"负发展"或"逆发展";介于两者之间,即维持不变的则称为"零发展"。由于发展是系统或系统的组成元素本身的一种深化的过程,在这一过程中,可能以破坏甚至毁灭其他系统或元素为其发展条件,但这样的发展,显然是一种狭隘、片面的发展。因此,随着社会的进步,就必须要树立一种兼顾各方、"和平共处"、共同提高的多元发展观,即树立协调的观念,这也是体现了共生理论的本质内涵。因此,从共生理论的角度来看,FEEEP系统的协调发展指的就是为实现共生系统总体演进目标,各共生单元之间相互配合、相互协作、相互促进而形成的一种良性循环的态势。而区域 FEEEP 系统的协调发展指的是以共生能量的产生为基础，以形成进化相变为特征，以解决区域 FEEEP 问题实现可持续发展为目的，通过 FEEEP 系统内各共生单元之间的相互协作、相互配合和相互促进而形成的一种不断推进的良性循环态势。FEEEP 系统协调发展的含义主要有以下三个特征：

1. 区域 FEEEP 系统协调发展是以系统共生能量的产生为基础，FEEEP 系统总体效益的提高为目标的一种全面和谐的发展。区域 FEEEP 系统总体效益是通过系统的总体规模水平、速度以及数量关系或系统行动轨迹得以体现的，表现为系统总体水平的提高和系统总体结构的转变，其本质核心基础是系统内具有互利的共生能量的产生。

2. 区域 FEEEP 系统的协调发展是以 FEEEP 系统共生单元内部之间的相互协作、互相配合、相互促进为基本条件，以产生进化相变为特征的发展系统内部结构的变化决定了系统总体的演进目标，系统内共生单元在数量上、质量上和结构上的优化是实现系统总体目标的前提条件，因此，进化相变是推动共生系统内共生单元之间协调发展的根本动力。

3. 区域 FEEEP 系统的协调发展是动态的发展，而不是静止不变的。由于 FEEEP 系统是人口系统为主导的社会系统，有时会不可避免地出现图 2.4 的反向演化情形。因此，在实现 FEEEP 系统总体目标的进程中，就需要根据系统发展的实际情况对共生单元的质参量和象参量随时给予调控，修订参量的目标，以保证系统总体目标的实现。

（二）定量

由上述的分析可以看出，区域 FEEEP 系统协调发展是共生系统演化发展的最本质要求，是共生理论判据 4、判据 6、判据 7 的综合体现，因此自可持续发展理论提出以来，学者们就可持续复合系统的协调发展的量化问题做了大量且卓有成效的研究。一般来说，协调发展状况的量化包括两个方面的内容：一方面是对系统协调发展水平的测度，反映了系统综合协调发展的状态；另一个方面是系统协调度的测度。主要反映系统在运行过程中，各子系统、各组成部分、各元素之间协调动作、互相配合调整、保持比例发展的程度，体现了系统潜在的协调发展能力。因此，区域 FEEEP 系统协调发展的量化分类，具体如图 2.5 所示。其中区域 FEEEP 系统协调发展水平的测度主要包括 FEEEP 系统综合协调发展水平及五个子系统的协调发展水平的测度，分别反映 FEEEP 系统总体协调发展及各子系统的协调发展能力。由于在区域发展 FEEEP 系统中，食物、环境、能源、经济、人口各子系统间是相互联系、相互影响、相互制约，并形成了纵横交错、纷繁复杂的关系，而协调度又主要是对各子系统之间相互协调程度的度量，因此从协调度测度的角度来看，区域 FEEEP 系统共形成如下五个层次的相互关系行为：

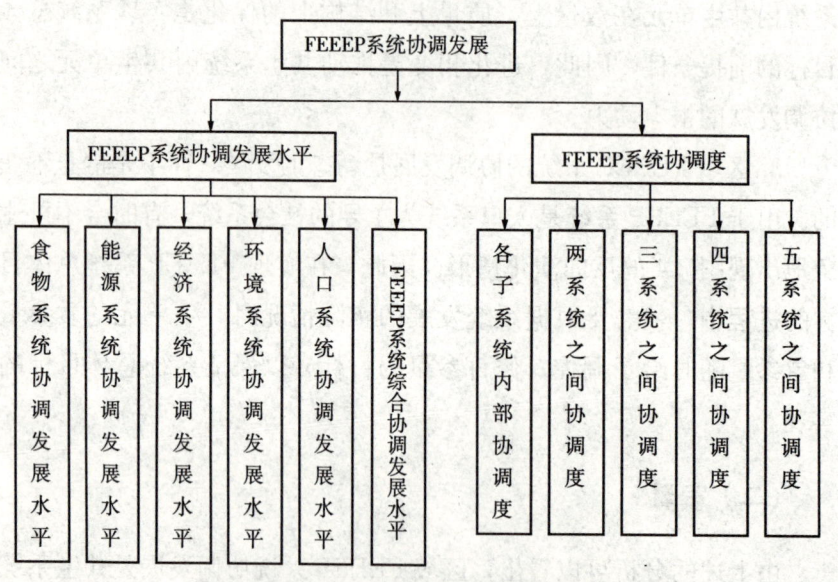

图 2.5　区域 FEEEP 共生系统协调发展分类图

第一层次：各子系统内部各元素之间的协调发展关系，表现为子系统内部的协调程度。如人口质量子系统内部的人口数量、质量和结构之间的协调度等。这些关系揭示了各系统协调发展的变化规律，是 FEEEP 系统总体协调度测度的基本；

第二层次：两两子系统之间的协调发展关系，表现为子系统之间的协调程度。具体包括食物—能源、食物—经济、食物—环境、食物—人口、能源—经济、能源—环境、能源—人口、经济—环境、经济—人口、环境—人口等 10 种关系。

第三层次：三个系统之间的协调发展关系。具体包括食物、环境与能源，食物、环境与经济，食物、环境与人口，环境与能源、经济等 10 种关系。

第四层次：四个子系统间的协调发展关系。具体包括食物、环境、能源与经济，食物、环境、能源与人口，食物、能源、经济与人口，食物、环境、经济与人口，环境、能源、经济与人口等 5 种关系。

第五层次：食物、环境、能源、经济与人口五大子系统间的协调关系。这是最高层次的协调发展关系。

具体如图 2.5 所示。

四、本章小结

通过本章的分析，可以得出以下三个结论：

1. 区域 FEEEP 系统具有典型的共生系统的特征。FEEEP 系统的五个子系统可视为 FEEEP 系统的共生单元，各共生单元均可由相应的一组质参量和象参量来表达，各共生单元之间相互影响、相互联系并产生新的共生能量，满足共生理论质参量兼容原理和共生能量生成原理。

2. 区域 FEEEP 系统存在正向和负向的共生关系，在长期中以正向共生关系为主导，表现为 FEEEP 系统共生进化特征，但在短期中也会出现负向的共生关系，表现为系统在一定程度的退化。因此，从长期来看 FEEEP 系统具有互利的共生演化模式。

3. 区域 FEEEP 系统协调发展的测度分析是共生理论分析框架中判据 4、判据 6 和判据 7 的综合体现。区域 FEEEP 系统协调发展量化分析主要包括 FEEEP 系统总体协调发展水平和各子系统协调发展水平的测度及各子系统内部协调度和各子系统之间的协调度的测度，综合反映了区域 FEEEP 系统的能量生成特征、进化特征和相变特征，是分析 FEEEP 系统内部关系、解决 FEEEP 问题的基础。

第三章

区域 FEEEP 系统协调共生演化分析

如何在承受人口增长与经济发展的巨大压力下，仍然能够提供足够的食物与能源需要，并同时确保资源的可持续利用与维持良好的环境质量，这始终是 FEEEP 问题的本质。因此解决 FEEEP 问题的关键就在于消除食物需求的增长、经济的发展与人口增长、资源消耗、环境退化之间的矛盾，基本质就在于实现区域 FEEEP 系统各子系统间的和谐发展，即达到协调共生的状态。本章主要就区域 FEEEP 系统的演化路径、区域 FEEEP 系统内部协调共生演化关系及局部稳态性作了分析。主要内容如下：分析了区域 FEEEP 系统的演化机制及演化路径特征，构建了基于互利共生关系的区域 FEEEP 系统协调共生模型，讨论了区域 FEEEP 系统内部协调共生动态稳态条件及局部稳态性测度方法，最后实证分析了区域 FEEEP 系统各子系统演化路径及区域 FEEEP 系统内部稳态性。

一、共生理论基本模型概述

（一）区域 FEEEP 系统演化机制

由于区域 FEEEP 系统的五个子系统之间存在相互依存、相互制约、相互作用的共生关系，从支配区域 FEEEP 系统协调发展的内部机制来看可以归纳为两类：一类是经济增长机制，另一类是生态平衡机制[①]。从区域 FEEEP 系统内部关系可以得出，区域 FEEEP 系统是以人类的活动为基础的复合系统，因此 FEEEP 系统的演化和发展将取决于人们对各种需求的追求，而随着人口的增多、生活水平的提高，人类的需求也会不断升级，因此区域 FEEEP 系统的演化发展也将呈现非线性、指数形式的增长态势；另一方面，区域 FEEEP 系统演化发展的同时又反过来引发人们新的需求，从而进一步推动 FEEEP 各子系统的增长，因此从经济增长机制来看，区域 FEEEP 系统的演化和发展就是在人类不断增长的需求和 FEEEP 各子系统及整体系统的增长中交互增长的过程。

在经济增长机制中，区域 FEEEP 系统演化发展主要表现为人类需求及 FEEEP 各类子系统无限增长的态势，但从具体子系统的特征来看，无论是食物、能源还是环境，其供给能力却具有有限性的特征，因此在区域 FEEEP 系统演化发展过程中就会存在另一类机制，即生态平衡机制。这是由于生态系统的发展是以能量的转换和能源的循环为特征的，而且生态系统的更新与发展都具有较长的周期性，且均受到一系列环境条件的限制，因此可以看出，无论是食物、能源还是环境的增长均会受到生态机制的影响，这也使得区域 FEEEP 系统不能以无限增长的方式演化下去，而要受到生态平衡机制的制约。

综上所述，区域 FEEEP 系统在经济增长机制和生态平衡机制的双重作用下演化发展，而这种双重机制在数量演化关系上则主要表现为生态学中的 Logistic 法则，即区域 FEEEP 系统的演化发展既有其自身内在增长规律，又同时受到各子系统生态容量的限制。本节正是基于这一思想对区域 FEEEP 系统的演化路径展开分析。

（二）区域 FEEEP 系统演化模型

依据 Verhulst 所构建的 Logistic 增长模型，区域 FEEEP 系统的

[①] 孙立成，周德群，胡荣华. 区域 FEEEP 系统协调发展研究——基于 DEA 方法的实证分析 [J]. 财经研究，2008，(2): 134—143.

演化路径数学模型可以用下式表示：

$$\begin{cases} \dfrac{\mathrm{d}X_t}{\mathrm{d}t} = r_t X_t \left(1 - \dfrac{X_t}{N}\right) \\ X_{(0)} = X_0 \end{cases} \quad (3.1)$$

解式 3.1 可得：

$$X_t = \frac{X_0 N e^{r_t t}}{N + X_0(e^{r_t t} - 1)} = \frac{N}{1 + \left(\dfrac{N - X_0}{X_0}\right) e^{-r_t t}} \quad (3.2)$$

其中，式 3.2 中 X_t 为区域 FEEEP 系统协调发展的状态变量，对于具体各子系统来说可以用各子系统的主参变量来表示，如：对于人口子系统可以选择人口总量作为状态变量等；N 表示在一段时间内，区域 FEEEP 系统协调发展状态变量的最大阈值；r_t 表示系统的自然增长率；X_0 表示初始区域 FEEEP 系统状态变量值；$\dfrac{N-X_0}{X}$ 为限制因子，说明区域 FEEEP 系统的演化机制存在正负反馈机制，具有典型的非线性特征。

（三）区域 FEEEP 系统演化路径特征

从具体区域 FEEEP 系统的演化路径来看，可以分为周期内短期变化态势和多个周期的长期变化趋势。在短期内区域 FEEEP 系统的演化路径方程如式 3.2 所示，描述了系统状态变量的路径变化轨迹，如图 3.1 所示的 S 形曲线；其速度方程则如式 3.1 所示，表明系统状态变量随时间的增长速度，如图 3.2 所示的钟曲线。

为了解区域 FEEEP 系统演化路径的特征，需要对区域 FEEEP 系统的演化路径方程和速度方程做进一步分析。首先对方程 3.1 求二阶导数，可得：

$$\frac{\mathrm{d}^2 X_t}{\mathrm{d}t^2} = r_t \left(1 - \frac{2}{N} X_t\right) \frac{\mathrm{d}X_t}{\mathrm{d}t} \quad (3.3)$$

令 $\dfrac{\mathrm{d}^2 X_t}{\mathrm{d}t^2} = r\left(1 - \dfrac{2}{N}X_t\right)\dfrac{\mathrm{d}X_t}{\mathrm{d}t} = 0$，可得在周期内曲线 3.2 的拐点为：$X_t = \dfrac{N}{2}$，即为 t_0 时刻的 D_2 点，说明在 t_0 点区域 FEEEP 系统演化路径具有明显的变化，从表 3.1 也可以看出，在 $(0, t_0)$ 时段区域 FEEEP 系统演化路径具有上凹的特征，而在 $(t_0, +\infty)$ 时段则具有上凸的特征；其次对方程 3.1 求三阶导数，可得：

$$\dfrac{\mathrm{d}^3 X_t}{\mathrm{d}t^3} = r_t^2 \left(\dfrac{6}{N^2}X_t^2 - \dfrac{6}{N}X_t + 1\right)\dfrac{\mathrm{d}X_t}{\mathrm{d}t} \tag{3.4}$$

令 $\dfrac{\mathrm{d}^3 X_t}{\mathrm{d}t^3} = r^2\left(\dfrac{6}{N^2}X_t^2 - \dfrac{6}{N}X_t + 1\right)\dfrac{\mathrm{d}X_t}{\mathrm{d}t} = 0$，可得：$X_{t_1} = \dfrac{N(3-\sqrt{3})}{6}$，$X_{t_2} = \dfrac{N(3+\sqrt{3})}{6}$

可见，对于区域 FEEEP 系统演化速度曲线来说有两个拐点，即 D_1 点和 D_3 点，此时 $\dfrac{\mathrm{d}X_t}{\mathrm{d}t}$ 为 $\dfrac{Nr}{6}$，D_2 点则是区域 FEEEP 系统演化速度曲线的最大值点，此时 $\dfrac{\mathrm{d}X_t}{\mathrm{d}t}$ 为 $\dfrac{Nr}{4}$；又由于从式 3.1 和 3.2 可得：当 $t \to \infty$ 时，有 $X_t \to N$，$\dfrac{\mathrm{d}N_t}{\mathrm{d}t} \to 0$，因此可以得出在短期内区域 FEEEP 系统演化发展可分为四个阶段，即：起步期、成长期、成熟期和衰退期。各阶段区域 FEEEP 系统演化曲线及其速度曲线的特征如表 3.1 所示。

由表 3.1 可得，第一阶段为起步期，其时间段为 $(0, t_1)$。这一阶段区域 FEEEP 系统演化的速度曲线 $\dfrac{\mathrm{d}X_t}{\mathrm{d}t}$ 处于加速上升的态势，至拐点 $\left(t_1, \dfrac{Nr}{6}\right)$ 时加速度达到最大；而此时系统演化曲线 X_t 也由零缓慢上升至 $N(3+\sqrt{3}/6)$。说明在这一时期区域 FEEEP 系统处于

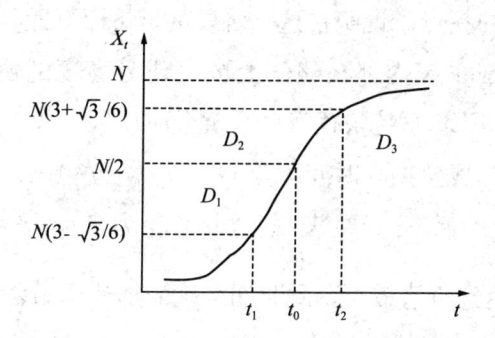

图 3.1 区域 FEEEP 系统演化路径曲线

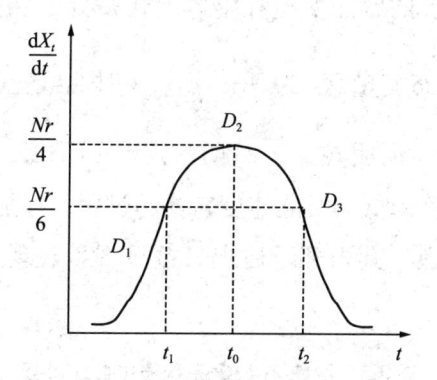

图 3.2 区域 FEEEP 系统演化路径速度曲线

刚发展阶段，系统的状态变量在各共生单元相互作用、相互影响下由于负熵能量的输入区域 FEEEP 系统状态变量在整体上处于不断发展的阶段，但发展的水平及程度相对较低。

第二阶段为成长期。这一时期的时间段为 (t_1, t_0)，其中在 t_0 点区域 FEEEP 系统演化路径速度曲线达到最大值，为 $\dfrac{Nr}{4}$。在这一阶段，区域 FEEEP 系统路径演化曲线的加速度开始缓慢下降，到点 $\left(t_0, \dfrac{Nr}{4}\right)$ 时系统路径演化的加速度为 0；而这一时段系统演化路径曲线则一直处于快速上升的态势，点 $\left(t_0, \dfrac{Nr}{4}\right)$ 为区域 FEEEP 系统路径演化曲线的拐点。说明在这一阶段区域 FEEEP 系统处于快速发展时期,通常在系统内部在整体上也表现为高度的协调发展状态,这也是区域 FEEEP 系统快速发展的黄金时期。

第三阶段是成熟期。时间段为 (t_0, t_2),这一时期区域 FEEEP 系统演化路径的特征主要表现为加速度为负且缓慢下降,至点 $\left(t_2, \dfrac{Nr}{6}\right)$ 时达到负值最大。此时期系统的加速度虽然为负,但由于区域 FEEEP 系统演化路径的速度在 t_0 点有着较大的初始速度,因此在这一时期系统的状态变量在整体上还是处于快速上升时期,直到 t_2 点时,即状态变量 X_t 为 $\dfrac{N(3+\sqrt{3})}{6}$ 时曲线上升的速度才下降到 t_1 时刻的水平。说明在这一时期,区域 FEEEP 系统的演化路径是由高的初始速度向低的发展速度转换的过程,区域 FEEEP 系统的发展也已日益成熟,其内部矛盾也日益显现,表现为系统内部不和谐现象的产生。

表 3.1 区域 FEEEP 系统演化曲线特征

t	$(0, t_1)$	t_1	(t_1, t_0)	t_0	(t_0, t_2)	t_2	$(t_2, +\infty)$
X_t	$\dfrac{dX_t}{dt}>0$ 缓慢上升	$\dfrac{N(3-\sqrt{3})}{6}$	$\dfrac{dX_t}{dt}>0$ 快速上升	$\dfrac{N}{2}$ 拐点	$\dfrac{dX_t}{dt}>0$ 快速上升	$\dfrac{N(3+\sqrt{3})}{6}$	$\dfrac{dX_t}{dt}>0$ 缓慢上升并趋向平稳
$\dfrac{dX_t}{dt}$	$\dfrac{d^2X_t}{dt^2}>0$ 快速上升	$\dfrac{Nr}{6}$ 拐点	$\dfrac{d^2X_t}{dt^2}>0$ 缓慢上升	$\dfrac{Nr}{4}$ 最大值	$\dfrac{d^2X_t}{dt^2}<0$ 缓慢下降	$\dfrac{Nr}{6}$ 拐点	$\dfrac{d^2X_t}{dt^2}<0$ 快速下降
X_t 特征	上凹 $\left(\dfrac{d^2X_t}{dt^2}>0\right)$			$\dfrac{N}{2}$ 拐点	上凸 $\left(\dfrac{d^2X_t}{dt^2}>0\right)$		
$\dfrac{dX_t}{dt}$ 特征	上凹 $\dfrac{d^3X_t}{dt^3}>0$	$\dfrac{Nr}{6}$ 拐点	上凸 $\dfrac{d^3X_t}{dt^3}<0$	$\dfrac{Nr}{4}$ 最大值	下凸 $\dfrac{d^3X_t}{dt^3}<0$	$\dfrac{Nr}{6}$ 拐点	下凹 $\dfrac{d^3X_t}{dt^3}>0$
发展阶段	起步期		成长期		成熟期		衰退期

第四阶段是区域 FEEEP 系统发展的衰退期。主要是在 $(t_2, +\infty)$ 时段,在这一时段系统演化发展的加速度再次由负的最大值趋向于 0,系统发展的速度也在不断减小直至无限趋向于 0,系统的状态变量则无限趋向于其短期周期内的最大值 N_0。说明在短期的衰退期内,区域 FEEEP 系统的状态变变量会向其潜在最大的状态变量逼近,其发展水平也趋向于稳定,此时系统的发展趋向于停止,系统内部协调性较差,具体的表现就是系统发展过程中投入产出效益的不断降低。

上述的分析一直是从区域 FEEEP 系统短期周期内讨论的,而且从第四阶段的分析可以看出,区域 FEEEP 系统在衰退期内其发展则一直处于停滞状态。但由于 FEEEP 系统是一个开放型的复合系统,其在发展过程中不但是受到生态平衡机制的作用,而且还受到经济增长机制的作用,所以从长期来看,区域 FEEEP 系统在发展过程中这种停滞时期很难维持较长的时间,因此在生态平衡机制和生态平衡机制双重作用下区域 FEEEP 系统演化路径将有如图 3.3 所示的三个发展态势,即 E_1 的上扬发展态势、E_2 平行的发展态势和 E_3 的下降发展态势。

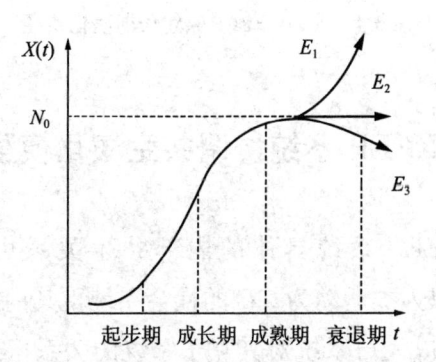

图 3.3 区域 FEEEP 系统演化路径的发展态势

其中 E_2 平行的发展态势就是上述第四个阶段,即系统处于一个停滞发展的时期。但随着时间的推移,当区域 FEEEP 系统在生态平衡机制和生态平衡机制作用下打破系统外界及内部制约性因素的影响时，系统就会进入下一个增长周期，即进入新一轮的起步阶段，这也是图3.3中E_1的上扬的发展态势延伸，并最终会形成如图3.4的区域FEEEP系统长期演化路径，如图3.4中不同周期下L_1、L_2、L_3长期演化路径。而当系统不能打破限制因素的影响时，系统将会沿着E_3下滑的演化路径发展，并最终趋于消亡。在图3.4中可以看出，在不同周期内的区域FEEEP系统均有一定的衰退路径，如：AB即为t_1时期的衰退路径，CD即为t_1时期的衰退路径，EF即为t_1时期的衰退路径等。

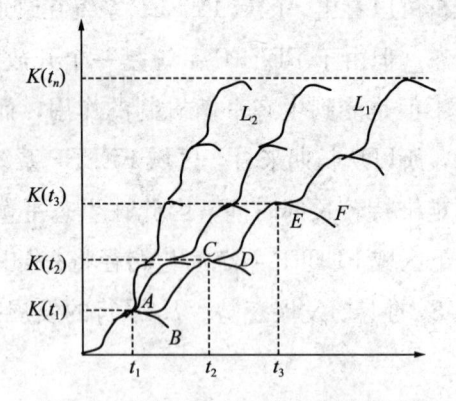

图3.4 区域FEEEP系统长期演化路径

二、FEEEP系统协调共生演化模型构建

从区域FEEEP系统具体的内部共生关系可以看出，区域FEEEP系统是以人类活动为基础的社会系统，其内部共生关系主要有两类：一类是以人口系统对其它子系统的关系。这是一种主动关系，主要表现为由人类的活动对食物、能源、经济和环境影响。主要有：人口与食物、人口与能源、人口与经济和人口与环境之间的关系；另一类是由人类活动所引致的各子系统对人口系统及各子系

统之间的关系。这类关系也叫做间接引致关系，是一种被动的关系。从本质上来看，区域 FEEEP 系统共生关系以其各子系统之间的相互影响、相互制约为基本前提的，且每个子系统均不能单独存在，而是以其它子系统的存在为前提。其于此，王建华等采用系统动力学方法建立包括冲突模型、掠夺模型及和谐模型三类模型的人地关系系统动力学模型，研究了人类与自然长久共存的条件。本节主要在共生理论指导下构建系统之间的协调共生演化模型来分析区域 FEEEP 系统内部演化关系。

（一）模型假设

为构建区域 FEEEP 系统共生演化模型，本文作以下三个假设：

假设 1：各子系统的状态变量受密度制约影响，其状态变量水平均存在一个最大的潜在水平 N，其大小与规模相关，规模越大 N 越大；

假设 2：$x_i(t)$ 和 $\mathrm{d}x_i(t)$，$i=1,2,3,4,5$ 分别表示 FEEEP 系统五个子系统在 t 时刻的状态变量（如：GDP、能源消费量等）及其增长率。N_i，$i=1,2,3,4,5$ 分别是各子系统状态变量的最大阈值；r_i 分别表示五个子系统状态变量的自然增长率。δ_{ij} 分别表示第 i 子系统的状态变量对第 j 个子系统状态变量的影响系数；

假设 3：各子系统相互影响相互制约，且均不能独立存在。

（二）模型构建

由假设 3 可得，假设系统 A 和系统 B 是五个子系统中的 FEEEP 系统的任意两个子系统，由于子系统之间是以互利共生的形成存在和发展的，因此如果系统 A 在没有系统 B 存在的情况下将会趋向于消亡，假设系统 A 的消亡率为 r_1，则若系统 A 单独存在则有：

$$\frac{\mathrm{d}x_1(t)}{\mathrm{d}t}=-r_1 x_1 \tag{3.5}$$

如果系统 B 为系统 A 提供生存所必需的环境或能量,则系统 A 的动态变化就要加入系统 B 对系统 A 的促进作用,则有:

$$\frac{\mathrm{d}x_1(t)}{\mathrm{d}t}=r_1x_1\left(-1+\delta_{21}\frac{x_2}{N_2}\right) \tag{3.6}$$

此时当且仅当 $-1+\delta_{21}\frac{x_1}{N_1}>0$ 时,系统 A 才会增长。由假设 1 可知,各系统的增长又会受到自身的密度制约,因此一个完整的系统演化 Logistic 方程如式 3.7 所示:

$$\frac{\mathrm{d}x_1(t)}{\mathrm{d}t}=r_1x_1\left(-1-\frac{x_1}{N_1}+\delta_{21}\frac{x_2}{N_2}\right) \tag{3.7}$$

因此,对于系统 A 和系统 B 两个子系统,其相互影响的 Lotka - Volterra 模型如式 3.8 所示:

$$\begin{cases}\dfrac{\mathrm{d}x_1(t)}{\mathrm{d}t}=r_1x_1\left(-1-\dfrac{x_1}{N_1}+\delta_{21}\dfrac{x_2}{N_2}\right)\\ \dfrac{\mathrm{d}x_2(t)}{\mathrm{d}t}=r_2x_2\left(-1-\dfrac{x_2}{N_2}+\delta_{12}\dfrac{x_1}{N_1}\right)\end{cases} \tag{3.8}$$

由上述模型可得到以下三个结论:

1. 当 $\delta_{12}=\delta_{21}=0$ 时,表示系统 A 和系统 B 两系统不存在相互影响,不存在共生关系,也不会产生共生效应。在这种情况下,两子系统的状态变量均符合 3.5 式,并最终趋于消亡;

2. 当 $\delta_{12}=0$ 且 $\delta_{21}\neq 0$ 时,表示系统 A 与系统 B 之间存在偏利共生关系,即系统 A 受益于系统 B 的发展,而系统 B 的发展对系统 A 是既无利也无害的一种共生关系;同理当 $\delta_{21}=0$,$\delta_{12}\neq 0$ 时,表示系统 B 与系统 A 存在偏利共生关系,即系统 B 受益于系统 A 的发展,而系统 A 的发展对系统 B 却没有影响;

3. 当 $\delta_{12}\neq 0$,$\delta_{21}\neq 0$ 时,表示五个系统之间相互关联相互影响;若 δ_{12} 和 δ_{21} 均大于 0,则表示系统 A 和系统 B 之间存在正向和

谐的互利共生关系；若 δ_{12} 和 δ_{21} 均小于 0，则表示系统 A 和系统 B 之间存在冲突的共生关系；若 δ_{12} 和 δ_{21} 一正一负，正值说明系统之间存在正向的影响，而负值则说明系统之间存在负向冲突的影响。

（三）模型分析

1. 动态稳态特征

由于区域 FEEEP 系统的协调发展是以各子系统间的相互作用、相互制约为前提，因此区域 FEEEP 系统两两子系统间的稳态性是区域 FEEEP 系统整体协调共生稳态发展的根本性条件，因此可以依据上述所构建的两两系统间内部协调共生模型来分析区域 FEEEP 系统局部稳态性条件。求 3.8 式的均衡点，可得下式：

$$\begin{cases} f(x_1,\ x_2)=r_1 x_1\left(-1-\dfrac{x_1}{N_1}+\delta_{21}\dfrac{x_2}{N_2}\right)=0 \\ g(x_1,\ x_2)=r_2 x_2\left(-1-\dfrac{x_2}{N_2}+\delta_{12}\dfrac{x_1}{N_1}\right)=0 \end{cases} \quad (3.9)$$

由 3.9 式可得四个均衡点：$M(-N_1,\ 0)$，$N(0,\ -N_2)$，$O(0,\ 0)$，$P(x_1^*(t),\ x_2^*(t))$，其中 $x_1^*(t)=\dfrac{N_1(1+\delta_{21})}{-1+\delta_{12}\delta_{21}}$，$x_2^*(t)=\dfrac{N_2(1+\delta_{12})}{-1+\delta_{12}\delta_{21}}$，从各子系统状态变量发展的经济含义来看，系统的状态变量均应该为正数，因此 $M(-N_1,\ 0)$ 和 $N(0,\ -N_2)$ 不符合实际经济意义的要求，只有 $O(0,\ 0)$，$P(x_1^*(t),\ x_2^*(t))$ 两个均衡点才有实际的经济意义。因此依据微分方程稳态性理论可以将方程组 3.9 写成下式：

$$A=\begin{bmatrix} f_{x_1} & f_{x_2} \\ g_{x_1} & g_{x_2} \end{bmatrix} = \begin{bmatrix} \left(-r_1-\dfrac{2x_1 r_1}{N_1}+\delta_{21}\dfrac{r_1 x_2}{N_2}\right) & \delta_{21}\dfrac{r_1 x_1}{N_2} \\ \delta_{12}\dfrac{r_2 x_2}{N_1} & \left(-r_2-\dfrac{2x_2 r_2}{N_2}+\delta_{12}\dfrac{r_2 x_1}{N_1}\right) \end{bmatrix}$$

$$(3.10)$$

将 $O(0,0)$ 代入 3.10 式，可得：$p=-(f_{x_1}+g_{x_2})=r_1+r_2>0$，$q=\det A=r_1r_2>0$，可见 $O(0,0)$ 是方程组（4）的稳定结点。

同理可将 $P(x_1^*(t), x_2^*(t))$ 代入式 3.10，可得 P 点的稳态特性，由微分方程稳态判定原则可得：

$$p=-(f_{x_1}+g_{x_2})=\frac{r_1(1+\delta_{21})+r_2(1+\delta_{12})}{\delta_{21}\delta_{12}-1} \quad (3.11)$$

$$q=\det(A)=\frac{r_1r_2(1+\delta_{21})(1+\delta_{12})}{1-\delta_{21}\delta_{12}} \quad (3.12)$$

考察平衡点 $P(x_1^*(t), x_2^*(t))$ 可得，只有当 $\delta_{12}\delta_{21}>1$，$\delta_{12}>0$ 和 $\delta_{21}>0$ 时，平衡点才有实际经济意义。此时由 3.11 式和 3.12 式可得：$q<0$ 且 $p^2-4q>0$。可见，此时 P 点为鞍点。

2. 均衡点经济意义

A. 稳定结点

由上述的分析可知，$O(0,0)$ 点是稳定结点，指的是在任何初始条件下两个相互作用的系统都趋于消亡的平凡平衡点，也叫做恶性平衡点。如图 3.5 所示，图中系统主质参量的初始值将两个相互作用的系统划分为三个区域，即：Ⅰ：$\dot{x}_1<\dot{x}_2$；Ⅱ：$\dot{x}_1>\dot{x}_2$；Ⅲ：$\dot{x}_1=\dot{x}_2$。假设 x_1 代表能源系统的主质参变量能源消费总量；x_2 代表人口系统主质参变量人口总数。则当两个变量处于Ⅰ区域时，表明在这两个系统中，人口数量处于较高的状态，而能源消费总量却相对较低，当能源消费满足不了人口增长的需要时，必然会抑制人口的增长，如果不对这种状态采取必要的应对措施，最终的结果就是两系统主质参量会随 a 路径趋向于 $O(0,0)$；当两个变量处于Ⅱ区域时，情形和Ⅰ恰好相反，此时的社会处于能源高消费的一种模式，这种模式的最终结果也必然会导致两系统主质参量沿路径 b 趋向于 $O(0,0)$；Ⅲ区域主要指的是第一象限的平分线，处于这一平分线上的两类系统的主质参量是随时间有关相同的变化趋势，由于系统的主质变量有最大阈值的限制，因此两系统主质参量最终也会沿路径 c 趋于 $O(0,0)$。

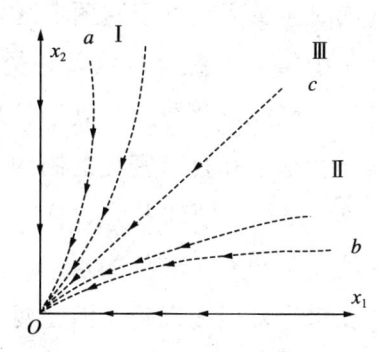

图 3.5 系统稳定结点 O (0, 0) 的演化态势

B. 鞍点

由 $O(0,0)$ 特性可以看出，$O(0,0)$ 点显然不是期望的均衡点，而且为防止这一情形的发生，人们也将会采取各种措施促进 FEEEP 共生系统的协调发展，并力求系统向均衡点 $P(x_1^*(t), x_2^*(t))$ 方向发展，P 点称为良性平衡点。由于 P 点是鞍点均衡，其均衡的条件是 $\delta_{12}\delta_{21} > 1$，$\delta_{12} > 0$ 和 $\delta_{21} > 0$。由假设 2 可知，δ_{ij} 是两系统的相互影响系数，若将 $\delta_{12}\delta_{21}$ 界定为两系统的综合协调发展效应，则鞍点均衡条件表明两个系统的主质参量不但各自相互影响系数为正，即两系统存在良性的协调互利的关系，而且两系统的综合协调发展效应也要大于 1。

从图 3.6 鞍点 $P(x_1^*(t), x_2^*(t))$ 的演化态势可以看出，由 $\dot{x}_1 = 0$ 和 $\dot{x}_2 = 0$ 两条线将第一象限划分为四个区域：Ⅰ：$\dot{x}_1 < 0, \dot{x}_2 > 0$；Ⅱ：$\dot{x}_1 < 0, \dot{x}_2 < 0$；Ⅲ：$\dot{x}_1 > 0, \dot{x}_2 > 0$；Ⅳ：$\dot{x}_1 > 0, \dot{x}_2 < 0$。假设 x_1 代表能源系统的主质参变量能源消费总量；x_2 代表人口系统主质参变量人口总数。由图 3.6 可以得出，处于Ⅰ区域点的特征是人口总数不断增加，能源消费总量不断减少，而处于Ⅳ区域点的特征恰好与Ⅰ区域相反，说明处于这两个区域的点最终会沿着Ⅰ和

Ⅳ区域尖头的方向向左上方和右下方发散；处于Ⅱ区域点的特征是能源消费总量和人口总数同时增加，而Ⅲ区域点的主要特征是能源消费总量和人口总数同时减少，且处于这两个区域的点最终会沿着图示的尖头方向收敛于 P 点，其最优的收敛路径为 AB。说明在Ⅱ区域无论是人口数量还是能源消费总量均处于较高的水平，由于这两类变量均受其最高潜在水平和自身密度的制约，因此两个系统的主质参量最终会沿着 AB 路径收敛到 P 点；同样当处于Ⅲ区域的点说明人口数量和能源消费量均处于较低的水平，两个系统主质变量均有向其自身最大潜在水平发展的态势，因此两个变量均上升，并最终沿最优路径收敛于 P 点。在实际的人口、能源互利共生系统中，大部分满足鞍点条件的点均处在Ⅱ和Ⅲ区域，并最终收敛于 P 点，只有在特殊的情形下才会出现Ⅰ和Ⅳ区域中的点，如：战争和瘟疫等，而且即使出现这种情形也只是短期的行为，最终会随着突发事件的终止而回归到鞍点路径之上。

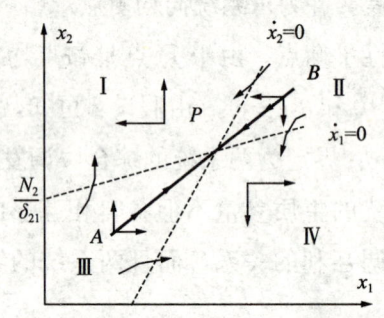

图 3.6　系统鞍点 $P(x_1^*(t), x_2^*(t))$ 的演化态势

3. 区域 FEEEP 系统共生演化局部稳态性测度

区域 FEEEP 系统是由五个子系统构建的共生演化系统，是一个不断变化的动态开放系统，系统之间的相互制约、相互关联影响着区域 FEEEP 系统的整体共生演化进程。由上述理论的分析可以看出，从区域 FEEEP 系统内部协调共生结构来看良性的鞍点均衡是系统长期发展的目标，因此就需要对区域 FEEEP 系统内部共生的稳态性进行跟踪

和监控，以便能及时发现问题并解决问题，从而确保区域 FEEEP 系统的协调发展能保持一定的稳态性。依据共生理论，通常采用共生度来刻画某一时刻区域 FEEEP 系统的内部共生稳态性程度。

共生度的基本含义是两个共生单元或共生系统之间质参量变化的关联度。因此用共生度来代表 FEEEP 系统各共生单元之间质参量变化能反映共生单元两两之间的质参量相互影响的程度。假设子系统 A 和系统 B，它们分别有质参量 Z_i、Z_j，依据共生度的定义，可得子系统 A 和 B 的质参量的共生度 λ_{ij} 为：

$$\lambda_{ij} = \frac{dZ_i/Z_i}{dZ_j/Z_j} = \frac{Z_j dZ_i}{Z_i dZ_j} \quad (dZ_j \neq 0) \tag{3.13}$$

λ_{ij} 即为以共生单元子系统 A 和 B 以质参量描述的共生度，其含义是共生单元 A 的质参量 Z_i 的变化率所引起或所对应的共生单元 B 的质参量 Z_j 的变化率，当 Z_i 和 Z_j 分别是系统 A 和系统 B 的主质参量时，则 $\lambda_{ij} = \lambda_{ij}^m$ 称为 A 和 B 的特征共生度。它是最具代表性地表征 A 和 B 的共生特征的变量。

$$\lambda_{ij}^m = \frac{Z_{mj} dZ_{mi}}{Z_{mi} dZ_{mj}} \tag{3.14}$$

由 3.14 式可以得出如下五个结论：

(1) 若 $\lambda_{ij}^m = \lambda_{ji}^m > 0$，则子系统 A 和 B 处于正向对称共生状态，这也是共生系统最终的发展目标，此时系统 A 和系统 B 具有很强的稳态性；

(2) 若 $\lambda_{ij}^m \neq \lambda_{ji}^m > 0$，则子系统 A 和 B 处于正向非对称共生状态。此时，系统 A 与共生系统 B 可互相促进，双方受益，共生稳态性较高；

(3) 若 $\lambda_{ij}^m = 0$ 且 $\lambda_{ji}^m > 0$ 或 $\lambda_{ij}^m > 0$ 且 $\lambda_{ji}^m = 0$，则系统 A 和系统 B 处于正向偏利共生。系统 A 与系统 B 尽管会使共生系统产生新能量，但能量的分配只惠及共生单元的一方，对另一方来说，既无所得，也无所失，因此，共生稳定性不高。

（4）若 $\lambda_{ij}^m = 0$ 且 $\lambda_{ji}^m < 0$ 或 $\lambda_{ij}^m < 0$ 且 $\lambda_{ji}^m = 0$，则系统 A 和系统 B 处于反向偏利共生状态。由于系统 A 和系统 B 存在一个共生度小于零，根据共生能量生成原理，这种情况并不导致共生能量的产生。因此，系统 A 与系统 B 任何一方都无法从共生关系中获得利益，因此，共生稳定性较低；

（5）若 $\lambda_{ij}^m = \lambda_{ji}^m < 0$，则 A 和 B 处于反向对称共生状态；若 $\lambda_{ij}^m \neq \lambda_{ji}^m < 0$，则 A 和 B 处于反向非对称共生状态。无论是前者还是后者，子系统 A 与共生系统 B 在共生过程中均无法获得共生能源，在这种情况下，系统 A 和 B 不存在共生关系，系统之间的稳态性极差。

由上面的结论可以看出，由于 λ_{ij}^m，λ_{ji}^m 是相互倒数，因此，对 λ_{ij}^m，λ_{ji}^m 均大于 0 来说，则当两系统之间的共生度 $\lambda_{ij}^m = \lambda_{ji}^m = 1$ 时两系统之间协调共生的稳态性就越好，而且偏离 1 的数值越大说明两子系统之间协调共生的稳态性就越差；对于 λ_{ij}^m，λ_{ji}^m 均小于 0 来说，系统协调共生的稳态性均相对较差，从具体数值来看，当两系统的共生度偏离 -1 越大则说明两系统的稳态性越差。因此，依据上面的分析，可以构建如下区域 FEEEP 系统内部协调共生局部稳态系数：

$$\lambda(i,j) = \begin{cases} 1/\lambda_{ij}^m, & \lambda_{ij}^m \in (-\infty, -1) \cup (1, +\infty) \\ 0, & \lambda_{ij}^m = 0 \\ \lambda_{ij}^m, & \lambda_{ij}^m \in [-1, 0) \cup (0, 1] \end{cases} \quad (3.15)$$

其中 $\lambda(i,j)$ 即为系统 i 和系统 j 协调共生稳态系数，也是区域 FEEEP 系统内部协调共生局部稳态系数，i 和 j 分别为食物、能源、经济、环境和人口五个子系统中的系统，λ_{ij}^m 即为系统 i 对系统 j 的特征共生度。

三、实证分析

(一) 指标与数据

由于主质参量体现了区域 FEEEP 系统内部各子系统演化发展的本质，且在区域 FEEEP 系统内部演化关系中起着主导性的作用，因此分析区域 FEEEP 系统各子系统主质参量的演化路径及其协调共生的稳态性，可以从本质上揭示出区域 FEEEP 系统协调发展的内部演化规律及其存在的问题。同时，由于总量指标是系统主要特征的综合体现，因此从 FEEEP 问题的本质和区域 FEEEP 系统各子系统的特征来看，可以选取粮食总产量（S）、能源消费总量（N）、GDP 总量（J）、工业"三废"排放总量（H）和人口总量（P）作为区域 FEEEP 系统食物子系统、能源子系统、经济子系统、环境子系统和人口子系统的特征质参量，由于在工业"三废"排放中，废水的排放变化趋势较为平缓，因此在本文中主要选取工业废气（H_1）和工业固体废弃物（H_2）来代表环境子系统变动情况。[①]

(二) 实证结果

1. 系统演化路径

由前面的分析可以看出，系统是在其内部增长机制及生态平衡机制的共同作用下演化发展，其路径按式 3.2 演化。若令 $C = \dfrac{N - X_0}{X_0}$，则依据式 3.2 可得：$X_t = \dfrac{N}{1 + Ce^{-r,t}}$。根据该式本文借助

---

① 本文以 1978—2013 年中国改革开放三十年来各子系统主质参量的数据为基础，对中国 FEEEP 系统内部协调共生的局部稳态性进行实证分析。各指标数据主要来源于《中国统计年鉴（1985—2014）》、《中国能源统计年鉴（1986、1989、1991—2014）》、《中国工业交通能源 50 年统计资料汇编（1949—1999）》、《中国环境统计资料汇编（1981—1990）》。

Eviews6.0 软件采用非参数牛顿高斯迭代方法对区域 FEEEP 系统各子系统的演化路径进行曲线拟合和参数估计，具体演化路径参数估计及相关检验如表 3.2 所示，各子系统的演化路径如图 3.7 到图 3.11 所示。

由表 3.2 可以看出，由于环境子系统是采用工业"三废"的排放量来反映环境子系统的演化情况，因此可以从工业废水、工业废气和工业固体废物三个角度来衡量环境子系统的发展变化情况，但从具体检验值来看，由于工业废水是一个相对比较平衡的数值，不符合 S 型 LOGISTIC 曲线的变化，因此本文主要是以工业废气和工业固体废物两个主质参量来反映环境系统的演化情况。从具体各子系统演化路径系数的相关检验来看，R^2 值和调整后的 R^2 均在 0.8 以上，其中能源子系统、经济子系统和人口子系统相对较高，均达到 0.98 以上，说明从整体上来看，各子系统演化路径模型的拟合程度较高，所得的各子系统演化路径模型能很大程度上反映各子系统主质参量的变动趋势。表 3.2 中估计参数下面括号里的数值为各子系统路径模型参数 T 检验值，$\overline{P}$ 值为各子系统路径演化模型估计参数 P 值的均值，由具体各检验值可以看出，各子系统路径演化模型的估计参数在 5% 显著性水平下均通过显著性检验，可见所得的各子系统路径模型较强的可靠性。

表 3.2　区域 FEEEP 系统各子系统协调演化路径参数估计及检验

演化模型检验 及参数估计	食物 系统	能源 系统	经济 系统	环境系统		人口 系统
				工业 废气	工业固体 废物	
R-squared	0.8838	0.9836	0.9893	0.9883	0.9663	0.9901
Adjusted R-squared	0.8804	0.9831	0.9890	0.9880	0.9653	0.9898
Residual sum of squares	0.1199	0.1938	0.9549	0.2520	0.4566	0.0041
S.E. of regression	0.0594	0.0755	0.1676	0.0861	0.1159	0.0109
Log likelihood	51.6041	42.9609	14.2524	28.2348	27.5309	112.5411

续 表

演化模型检验及参数估计	食物系统	能源系统	经济系统	环境系统 工业废气	环境系统 工业固体废物	人口系统
N	11.0149	9.3583	24.8334	−0.9883	1.3806	12.0387
C	0.0668	−0.1456	2.0280	−1.6227	−0.1326	0.0491
r	0.0522	−0.0176	0.0239	0.0077	−0.0434	0.0286
$\overline{P}$	0.0000	0.0000	0.0000	0.0121	0.0000	0.0000

依据上述各子系统的路径模型可以得出图 3.7 至图 3.11 各子系统演化路径图，图中虚线即为各子系统主质参量的演化曲线，通过对各图的分析可得：在整体上各子系统演化路径均具有向上递增的演化态势，但各具体子系统所处的演化阶段不同，递增的程度也不一样。其中食物子系统和人口子系统演化趋势较为接近，在考察期早期两个子系统均具有快速递增的态势，但随着时间的推移，两子系统的增长态势有所减缓，至 2000 年之后两个子系统都趋于平稳的增长态势，且增长速度均相对较慢。根据表 3.1 系统演化曲线特征的分类可得，食物子系统和人口子系统均处于演化的成熟及衰退阶段，也即各子系统的主质变量趋于平稳上升且趋向于稳定。从具体原因来看，改革初期中国农业在国家政策的大力支持下取得较快的发展，粮食产量取得了快速的增长，这从图 3.7 中实际值也可以看出。但由于粮食生产技术水平及亩产量等一些影响粮食产量的因素随着国家政策的扶持而快速上升并达到较高的水平，且中国耕地面积又不断减少，因此在这些众多影响因素的影响下，粮食产量虽然从整体上也会具有一定的增长态势，但增长的速度相对较慢，最终会趋向于食物子系统潜在最大值的方向增长；对于人口子系统来说，由于人口众多一直是制约中国社会发展关键因素，因此政府很早就实行了诸如计划生育等一系列政策来控制人口的增长，但由于人口基数大，从总体上来看，中国人口自改革开放以来也一直处于增长的态势，

但增长的趋势较为缓慢，因此也就形成了如图 3.11 的人口演化态势。

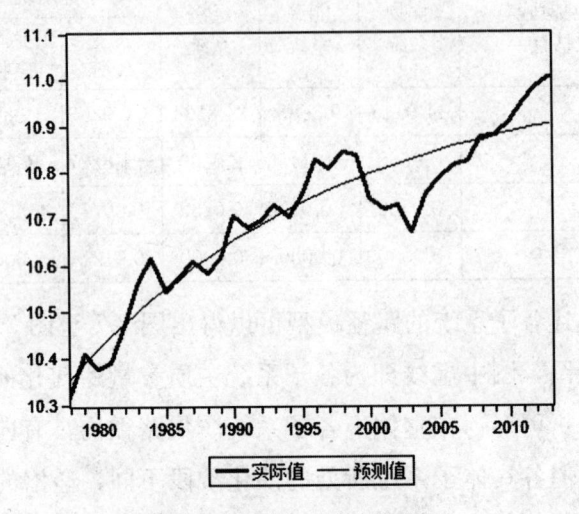

图 3.7 食物子系统演化路径

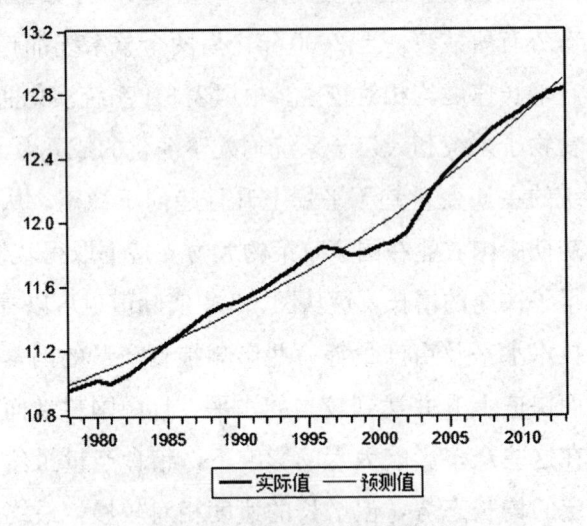

图 3.8 能源子系统演化路径

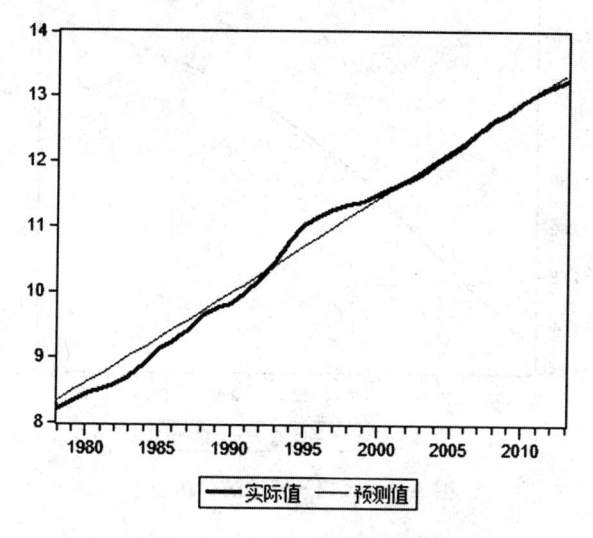

图 3.9 经济子系统演化路径

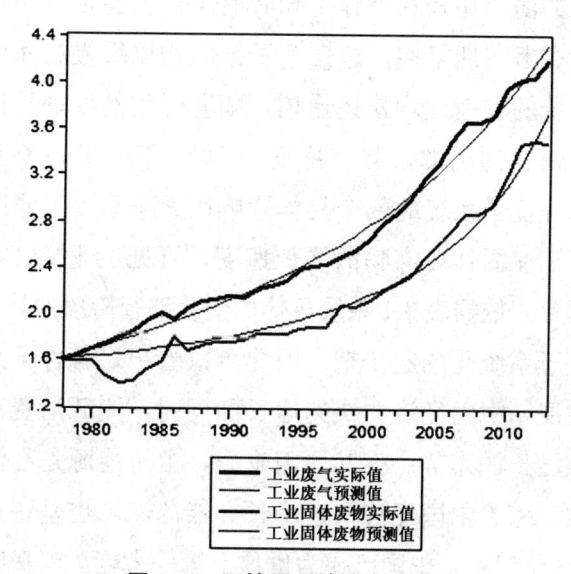

图 3.10 环境子系统演化路径

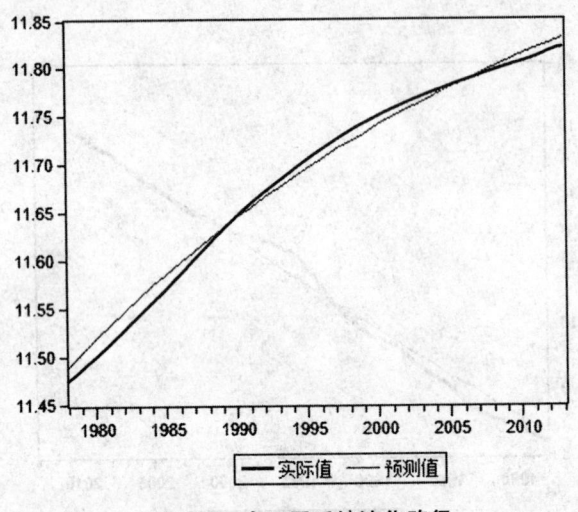

图 3.11 人口子系统演化路径

从能源子系统、经济子系统和环境子系统的演化路径来看,这三个子系统的演化路径在整体上均具有上凹的特征,即具有向上增长的态势。在考察期早期,这三个子系统均以缓慢的速度增长,但此时各子系统的加速度均快速递增,随着时间的发展,三个子系统演化路径呈快速递增的态势,特别是 2000 年以来各子系统增长迅速。其中从环境子系统的两个具体影响因素来看,工业废气的增长速度要大于工业固体废弃物的增长速度,可见工业废气将是影响环境的关键因素。依据表 3.1 系统具体的演化路径阶段的划分,这三个子系统均处于系统化的起步期,因此可以看出,若各子系统均按现有的态势发展,中国经济在快速增长的同时,能源消费和环境恶化均将呈指数增长的态势。就其原因来看,由于能源是经济增长重要基础性要素,随着中国经济快速增长,能源需求也呈快速递增的态势。自 2009 年以来,中国已成为世界上第一大能源消费国,2013 年中国能源消费总量高达 37.5 亿吨标准煤,增幅为 3.7%,其中一次能源消费量占世界一次能源的 22.4%左右,而经济总量仅占世界经济总量的 12.3%左右,可见以能源的大量消费为主要特征的经济增长模式，是引起能源子系统处于演化的起步期的主要原因，同时又由于中国是煤炭为主的能源消费结构模式，而能源的消费又是环境恶化的主要原因，因此在环境子系统中工业废气和工业废弃物也将会与能源消费和经济增长具有较为相同的演化态势，进一步证实了能源子系统与经济子系统的协调发展水平具有相同变化趋势的原因。

2. 局部稳态性

从上述区域 FEEEP 系统协调共生内部稳态点的分析可以看出，对于 FEEEP 系统协调共生的内部演化关系来说，鞍点均衡是社会发展的主要目标，这也是区域 FEEEP 系统内部局部稳态均衡点，其存在的条件是两子系统的主质参量不但各自相互影响系数为正，即两系统存在良性的协调共生关系，而且两系统的综合协调发展效应也要大于 1。将 1978—2013 年中国改革开放三十多年各子系统主质参量的数据代入式 3.9 可得，各年各子系统之间的影响系统均大于零，且相互影响系统的乘积也均大于 1，说明在整体上中国自改革开放以来各年 FEEEP 系统内部均处于鞍点均稳状态，具有良性发展的态势。为进一步考察中国 FEEEP 系统内部局部稳态发展程度，本节主要采用 3.15 式测度改革开放三十年来中国 FEEEP 系统内部协调共生的局部稳态系数，具体结果如表 3.3 所示。

表 3.3　1978—2007 年中国 FEEEP 系统内部协调共生局部稳态系数

年份	$\lambda(N,H_2)$	$\lambda(N,R)$	$\lambda(J,H_1)$	$\lambda(J,H_2)$	$\lambda(J,R)$	$\lambda(H_1,R)$	$\lambda(H_2,R)$
1978	/	/	/	/	/	/	/
1979	0.28	0.78	0.58	−0.04	0.15	0.22	0.49
1980	−0.83	−0.29	−0.67	0.13	−0.34	0.24	0.55
1981	−0.99	0.18	0.26	−0.12	0.99	−0.18	−0.26
1982	0.49	0.97	0.58	−0.65	0.17	0.50	0.84
1983	0.69	0.77	0.57	0.18	0.14	0.53	0.82
1984	0.70	0.25	0.61	0.53	0.25	0.35	0.87

续 表

年份	$\lambda(N,H_2)$	$\lambda(N,R)$	$\lambda(J,H_1)$	$\lambda(J,H_2)$	$\lambda(J,R)$	$\lambda(H_1,R)$	$\lambda(H_2,R)$
1985	−0.85	−0.28	−0.87	−0.98	−0.21	0.32	0.98
1986	0.60	0.23	−0.56	0.13	0.48	0.39	−0.94
1987	0.47	0.19	0.31	−0.30	0.49	0.41	0.66
1988	−0.36	−0.11	−0.40	−0.54	−0.60	0.30	0.90
1989	0.81	0.26	0.24	0.54	0.44	0.33	0.19
1990	0.19	0.96	0.29	0.11	0.15	0.19	0.65
1991	−0.48	−0.15	0.35	−0.68	−0.53	0.31	−0.17
1992	0.33	0.07	0.25	0.32	0.69	0.22	0.78
1993	0.50	0.10	0.91	−0.09	0.37	0.20	0.55
1994	−0.43	−0.07	−0.58	0.00	−0.45	0.16	0.74
1995	0.70	0.18	0.47	0.93	0.22	0.26	0.67
1996	0.73	0.48	0.43	0.27	0.13	0.35	0.58
1997	0.40	−0.19	−0.96	0.11	−0.49	−0.08	−0.42
1998	−0.91	0.53	0.53	0.17	0.25	−0.59	−0.59
1999	−0.62	−0.12	−0.17	0.38	−0.93	0.20	0.26
2000	−0.39	−0.85	−0.98	−0.44	−0.08	0.33	0.39
2001	−0.62	−0.20	−0.13	−0.23	−0.34	0.32	0.20
2002	0.16	0.10	0.11	0.15	0.66	0.62	0.67
2003	−0.38	−0.45	−0.43	−0.92	−0.10	0.84	0.88
2004	0.56	0.51	0.46	0.46	0.07	0.91	0.83
2005	0.29	0.21	0.24	0.26	0.19	0.72	0.80
2006	0.30	0.18	0.13	0.23	0.18	0.61	0.42
2007	0.09	0.03	0.04	0.04	0.72	0.37	0.45
2008	0.55	0.25	0.00	0.00	0.09	0.44	0.00
2009	0.08	0.05	0.10	0.05	0.82	0.61	0.78
2010	0.49	0.17	0.10	0.11	0.16	0.34	0.21
2011	0.64	0.25	0.60	0.13	0.11	0.40	0.94

续 表

年份	$\lambda(N,H_2)$	$\lambda(N,R)$	$\lambda(J,H_1)$	$\lambda(J,H_2)$	$\lambda(J,R)$	$\lambda(H_1,R)$	$\lambda(H_2,R)$
2012	0.82	0.33	0.80	0.60	0.15	0.40	0.65
2013	0.57	0.22	0.12	−0.19	0.24	0.39	0.22
1978	/	/	/	/	/	/	/
1979	−0.14	0.53	0.45	−0.03	0.12	0.26	−0.26
1980	−0.16	0.41	0.44	−0.04	0.10	0.23	−0.39
1981	0.12	−0.99	0.70	−0.65	0.18	0.26	−0.12
1982	−0.74	0.36	0.60	−0.67	0.18	0.30	−0.27
1983	0.26	0.21	0.44	0.14	0.11	0.25	0.79
1984	0.75	0.18	0.40	0.47	0.06	0.16	0.13
1985	0.87	0.18	0.32	0.28	0.06	0.18	0.20
1986	0.22	0.29	−0.42	0.57	0.11	−0.27	0.06
1987	−0.63	0.23	0.63	−0.65	0.10	0.15	−0.15
1988	0.66	0.21	0.27	0.20	0.06	0.24	0.33
1989	0.44	0.36	0.06	0.14	0.12	0.55	0.81
1990	0.60	0.79	0.28	0.11	0.15	0.52	0.76
1991	0.32	0.25	−0.05	0.10	0.08	−0.65	0.78
1992	0.98	0.22	0.28	0.23	0.05	0.17	0.22
1993	−0.05	0.18	0.11	−0.01	0.04	0.33	−0.25
1994	0.00	0.19	0.12	0.00	0.03	0.26	−0.01
1995	0.65	0.15	0.39	0.17	0.04	0.10	0.24
1996	0.37	0.18	0.20	0.13	0.06	0.30	0.47
1997	0.27	−0.82	0.18	−0.02	0.09	0.52	−0.22
1998	−0.19	−0.23	1.00	0.32	0.13	0.13	0.04
1999	−0.61	0.67	0.74	−0.32	0.13	0.18	−0.41
2000	0.87	0.22	0.84	0.38	0.07	0.09	0.19
2001	0.38	0.21	0.64	0.84	0.07	0.04	0.08
2002	0.94	0.11	0.92	0.66	0.07	0.07	0.10

续 表

年份	$\lambda(N,H_2)$	$\lambda(N,R)$	$\lambda(J,H_1)$	$\lambda(J,H_2)$	$\lambda(J,R)$	$\lambda(H_1,R)$	$\lambda(H_2,R)$
2003	0.41	0.04	0.95	0.49	0.05	0.04	0.10
2004	0.83	0.04	0.91	0.91	0.03	0.03	0.03
2005	0.88	0.06	0.90	0.82	0.04	0.04	0.05
2006	0.76	0.06	0.68	0.81	0.03	0.02	0.04
2007	0.49	0.07	0.81	0.74	0.02	0.03	0.03
2008	0.00	0.05	0.00	0.00	0.02	0.00	0.00
2009	0.63	0.09	0.47	0.97	0.06	0.12	0.06
2010	0.22	0.08	0.62	0.67	0.03	0.02	0.02
2011	0.21	0.07	0.42	0.53	0.00	0.06	0.01
2012	0.49	0.13	0.26	0.20	0.05	0.19	0.26
2013	−0.11	0.13	0.56	−0.04	0.05	0.03	−0.83

表 3.2 中的 H_1 和 H_2 分别表示环境子系统中的工业废气和工业固体废弃物，其中由于系统的稳态系数是以 1978 年为基，因此本文得出来的主要是 1979 年至 2013 年中国 FEEEP 系统内部局部稳态系数。由表 3.3 可以得出中国 FEEEP 系统内部局部稳态系数具有以下四个特征：

（1）在整体上，自改革开放三十多年以来中国 FEEEP 系统在大多数的年份里内部局部稳态系数均为正值，说明从内部局部稳态性来看，中国 FEEEP 系统沿着鞍点均衡的稳态性相对较强。从具体系统内部局部稳态系数值可以看出，稳态系数相对较低是食物子系统与其他子系统，其稳态系数为负值的均有十个年份左右，而相对较高的稳态系数的是经济子系统与其他子系统，其中经济与人口两个子系统从 1979 年以来其稳态系数均为正值，其他子系统之间稳态系数为负值的年份也均相对较少，约为五到六年左右。由此可见，在鞍点均衡路径上中国 FEEEP 系统在协调发展过程中其内部均具有较强的局部稳态性；

（2）从系统稳态系数为负值的具体年份分布来看，食物子系统与其他子系统内部局部稳态系数为负值的主要集中在1999年至2003年之间，在改革开放早期则呈现间歇出现负值的现象，但具有负值的年份相对较少，而自2004年以来则均具有为正的稳态系数（2013年食物和工业固体废物的稳态系数除外）；对于环境子系统与其他子系统来说，其稳态系数为负值的年份主要集中在改革开放早期，而自2000年以后系统的稳态系数均大于零（2013年工业固体废物与其他子系统的稳态系数除外），说明自2000年以来，环境子系统与其他子系统间共生效应的稳态性增强，并产生正的相互影响效应；从具体数据来看，其他类型系统之间的协调共生稳态性也在2000之后均有正的稳态系数，进一步说明随着国家可持续发展政策的实施，中国FEEEP系统内部子系统之间均衡发展具有较强的稳态性；

（3）从中国FEEEP系统内部局部均衡系数具体值的变化态势来看，虽然在整体上近年来各子系统之间的稳态系数均为正值（工业固体废物与其他子系统的稳态系数除外），产生正面的影响效应，但就具体值来看，到2012年，除了食物子系统与其他子系统的稳态系数外，其他子系统局部稳态系数值均有所下降，即偏离最佳稳态系统1的距离越来越大，说明系统内部存在不稳定因素，其稳态性也有进一步变差的态势，食物子系统与其他子系统的稳态系数普遍上升；而2013年稳态系数发生了较大的逆转，除了食物与人口子系统、经济与人口子系统的稳态系数较2012年增加，其余子系统的稳态系数均下降，有些甚至转为了负数，说明系统内部的不稳定因素影响变大，稳定态势进一步变差；

（4）从各类局部稳态系数值的大小来看，食物系统与能源子系统之间的稳态系数相对较高，而人口子系统与其他子系统协调共生的稳态系数则相对较低。从具体值来看，食物子系统的主质参量与能源子系统主质参量之间稳态系数2013年为0.56，说明食物子系统与能源子系统的发展内部稳态性较好，从人口子系统与其他子系统来看，除人口子系统与食物子系统的稳态系数相对较高外，与其他子系统之间的稳态系数均相对较小，说明人口子系统与其他子系统虽然也存在正向的相互影响，但这种影响所带来的整体效用相对较小，这是和人口子系统人口数量很难在短期内下降所导致的。

四、本章小结

通过区域 FEEEP 系统协调共生演化的理论与实证分析，可以得出以下三个结论：

1. 区域 FEEEP 系统在经济增长机制和生态平衡机制共同作用下，沿着具有典型 S 型 LOGISTIC 曲线的方向演化发展，其内部协调共生存在两类均衡点：一类是趋于消亡的恶性均衡点，即平凡均衡点；另一类是趋于稳定的良性均衡点，即鞍点，其中鞍点均衡的条件是系统间的综合协调发展效应大于 1，且系统之间相互影响系数大于 0。

2. 改革开放三十多年来中国 FEEEP 系统各子系统在总体上均具有上升的演化态势，但各子系统的演化路径具有较大的差异性，其中食物子系统和人口子系统具有较为相近的演化特征，这两个子系统均处于演化的成熟及衰退阶段，即趋于平稳上升且趋向于稳定的阶段，从具体趋势来看这两个子系统在早期均具有快速递增的态势，但随着系统的发展两子系统的增长态势有所减缓并趋向于稳定；而能源子系统、经济子系统和环境子系统的演化趋势在整体上具有较强的一致性，均具有上凹的特征，即具有向上增长的态势，但在早期，三个子系统均增长速度均相对较慢，但其加速度均快速递增，随着系统的发展，三个子系统演化路径呈快速递增的态势，特别是 2000 年以来各子系统增长尤为迅速。

3. 改革开放三十多年来，中国 FEEEP 系统均沿着鞍点均衡路径演化发展，但从具体 FEEEP 系统协调共生的内部局部稳态性来看，

FEEEP系统沿鞍点均衡路径演化的稳态性差异性较大。从总体上来看，中国FEEEP系统内部局部稳态系数大部分年份都大于零，因此系统沿着鞍点均衡的稳态性也相对较强；但从具体各类型的稳态系数来看则各类型系统间的稳态性差异较大，其中食物子系统与其他子系统在早期沿鞍点路径演化的稳态程度具有较大的波动性，在1999年至2003年之间的稳态性较差，但随后则又具有较强的稳态性；而环境子系统与其他子系统在改革开放早期的稳态性均较差，自2000年以后其稳态性均较强，并产生正的相互影响效应；从各类局部稳态系数值的大小来看，食物子系统与能源子系统之间的稳态系数相对较高，而人口子系统与其他子系统协调共生的稳态系数则相对较低。

第四章
区域 FEEEP 系统协调共生综合评价分析

由以上理论基础的分析可以看出，区域 FEEEP 系统协调度的测度也是区域 FEEEP 系统协调发展量化的一个重要方面，反映了区域 FEEEP 系统在运行过程中，各子系统、各组成部分、各元素之间协调动作、互相配合调整、保持比例发展的程度，体现了共生系统内部各子系统相互之间及 FEEEP 系统整体的耦合程度。因此，测度区域 FEEEP 系统协调度不但有助人们了解区域 FEEEP 系统的潜在协调发展能力，而且有助于发掘制约系统协调发展的主要因素，是解决区域 FEEEP 问题根本前提。本章主要内容：概述可持续复合系统协调度测度方法；在协调度内涵的基础上分析协调度类型，并构建区域 FEEEP 系统协调度测度模型。

一、指标体系构建

（一）指标体系构建原则

由于区域 FEEEP 系统是一个复杂的复合系统，用于反映各子系统特征的指标也相对较多，因此，为使所构建的指标体系能真实反映区域 FEEEP 系统协调发展状态、揭示各子系统协调发展之间的相互关系就必须遵循一定的基本原则。从具体 FEEEP 系统协调发展要求来看，在构建区域 FEEEP 系统协调发展指标体系时应遵循以下 5 个原则。

1. 科学性原则

区域 FEEEP 系统是可持续复合共生系统，因此区域 FEEEP 系统协调发展指标体系设计的科学性主要表现在：（1）区域 FEEEP 系统协调发展指标体系设计应当以可持续发展理论、共生理论及系统科学等理论为指导；（2）区域 FEEEP 系统协调发展指标体系设计以尊重区域 FEEEP 系统协调发展的客观规律为基本要求；（3）区域 FEEEP 系统协调发展指标体系设计要以能真实反映区域 FEEEP 系统协调发展实际情况为主要目标。这样所构建的指标体系才能真实地反映区域 FEEEP 系统的协调发展状况，实现区域之间的横向比较及区域内部的纵向比较，为准确识别区域 FEEEP 系统的自身优势和劣势提供科学的决策保障。

2. 全面系统性原则

区域 FEEEP 系统是一个开放的巨复杂复合系统，其协调发展水平的测度更是一个涵盖多因素、多阶段、多目标复杂问题，因此在构建区域 FEEEP 系统协调发展指标体系时就要力求全面反映区域 FEEEP 系统的协调发展状况，使得指标体系既能反映系统的变化趋势、内部结构与功能，又能正确评估系统与外部环境的关联；既能反映直接效果，也能反映间接影响，为最终测度结果的可靠性提供重要的保证。

3. 层次性原则

由于 FEEEP 系统所涉及的子系统均是一个广泛而又复杂的范畴，因此就需求采用不同的指标来反映 FEEEP 系统协调发展的不同的方面。因此，指标体系应是由多层次的指标群构成的，它应以多元系统结构进行多层次分析的逐层分解。同时要求在各领域的相互关联中，实行多层次领域对和分解，以形成层次分明的多级组合。其于此，本文将从总量与速度、结构与比例、质量与效益三个方面综合考虑区域 FEEEP 系统协调发展水平指标体系。

4. 重点突出性原则

构建区域 FEEEP 系统协调发展指标体系并不是简单地认为指标越多越好，也不是越多越全面，应该对指标进行适当地取舍，选取那些代表性强、可比性好和比较重要的指标，使得指标能体现各个系统协调发展的特性。因此，在建立指标体系时就必须突出重点，要从区域 FEEEP 系统协调发展状态的最主要特性出发，建立与之相关的规模、速度、效益等重点指标。

5. 可行性原则

所建立的区域 FEEEP 系统协调发展水平指标体系力求达到层次清晰、指标精炼、方法简洁，使之具有实际应用与推广价值。为此，选取的指标要具有可操作性，指标应含义明确且易于被理解，指标量化所需资料收集方便，能够用现有方法和模型求解。

（二）指标体系

自 1978 年可持续发展思想提出以来，可持续发展指标体系的设计一直是国内外学者的研究的热点。从具体指标设计的思路来看，通常采用多维矩阵结构的形式来进行构建。如：1996 年联合国可持续发展委员会（UNCSD）等机构在联合国《21 世纪议程》"经济、社会、环境和机构四大系统"框架下，应用"驱动力（Dring）—状态（Statement）—响应（Response）"概念模型所构建的可持续发展指标体系；美国于 1996 年在题为《美国国家可持续发展战略——可持续的美国和新的共识》的报告中阐述的有关美国在可持续发展进程中所涉及的健康与环境、经济繁荣、平等、保护自然、资源管理、持续发展的社会、公众参与、人口、国际责任和教育等十个方面的目标，并在每一目标之下设置了若干指标，共同构成了美国的可持续发展指标体系；1996 年英国政府由环境部环境统计和信息管理处（EPSIM）在其可持续发展战略目标指导下正式提出了可持续发展指标体系等。

中国可持续发展指标体系最早是由北京大学环境科学中心的叶文虎和唐剑武于1994年初步构建的；叶文虎、栾胜基研究了可持续发展的概念、指标体系概念、制定可持续发展指标体系的一些特殊原则（层次性原则、相关性原则和简明性原则），提出了全球、国家（或地区）可持续发展指标体系框架图；张世秋在总结了可持续发展指标体系近期研究成果基础上，指出可持续发展指标体系由社会发展、经济、资源与环境制度问题四大类指标组成，并以压力—状态—响应概念框架来进行描述；中科院牛文元于1999年提出了中国可持续发展战略的指标体系，该指标体系是由总体层、系统层、状态层、变量层和要素层五个等级构成。其中，总体层代表着中国战略实施的总体态势和效果，反映了可持续发展的总体能力；系统层主要包括生存支持系统、发展支持系统、环境支持系统、社会支持系统和智力支持系统等五个方面，是构成可持续发展理论体系的主体内容，表达了系统内部的逻辑关系和函数关系；状态层则具体刻画了每一系统内部结构，代表系统行为的关系结构。同时还有一些学者根据研究问题的需要，在上述指标构建的基础之上构建了不同的可持续复合系统的指标体系，如：魏一鸣和范英等所构建的PREE系统指标体系、范中启和曹明所构建的3E系统指标体系等。

本章在多维矩阵结构指标体系设计思路的指导下，依上述指标体系构建的原则，结合区域FEEEP系统的特征来来设定各子系统的具体指标体系。为全面地反映FEEEP系统协调发展水平，本文主要是从总量、结构和质量三个维度综合构建区域FEEEP系统协调发展水平三级指标体系。

具体指标如表4.1所示。从表中可以看出，区域FEEEP系统可分为三个层次，第一层次是子系统层，一共有食物、能源、经济、环境和人口五个子系统；第二层次是维度层，指的是每个子系统均是从总量、结构和质量三个维度来反映各子系统的特征；第三层次就是具体指标层，即针对每个子系统的每个维度选取具体的指标。

表 4.1 区域 FEEEP 系统协调发展指标体系

子系统层	维度层	指标层
食物子系统	总量指标	粮食总产量（万吨）(S_1)，农业机械总动力（万千瓦）(S_2)，农作物总播种面积（千公顷）(S_3)
	结构指标	粮食播种面积占农作物总播种面积的比重(%)(S_4)，有效灌溉面积占农作物总播种面积的比重(%)(S_5)
	质量指标	粮食亩产量（公斤/亩）(S_6)，人均耕地面积（亩/人）(S_7)，人均粮食占有量（公斤/人）(S_8)
能源子系统	总量指标	能源消费总量(万吨标准煤)(N_1)，能源生产总量(万吨标准煤)(N_2)，国有经济能源工业固定资产投资额(亿元)(N_3)
	结构指标	煤炭消费比例(%)(N_4)，油气产量比例(%)(N_5)，石油进口依存度(%)(N_6)，能源平衡度(%)(N_7)
	质量指标	单位GDP能耗(吨标煤/万元)(N_8)，能源消费弹性系数(N_9)，能源加工转化效率(%)(N_{10})
经济子系统	总量指标	国内生产总值(GDP)(亿元)(J_1)，全社会固定资产投资总额(亿元)(J_2)，居民储蓄(亿元)(J_3)，R&D投入(亿元)(J_4)，社会消费品零售总额(亿元)(J_5)，外商直接投资(亿美元)(J_6)，进出口贸易总额(亿元)(J_7)
	结构指标	出口商品工业制成品比重(%)(J_8)，工业占GDP比重(%)(J_9)，第三产业占GDP比重(%)(J_{10})，工业企业总资产贡献率(%)(J_{11})
	质量指标	第三产业增加值指数(J_{12})，全社会劳动生产率(万元/人)(J_{13})，居民消费水平(元)(J_{14})，人均GDP(元)(J_{15})
环境子系统	总量指标	工业废气排放总量(万亿标立方米)(H_1)，工业固体废物生产量(亿吨)(H_2)，二氧化硫排放量(万吨)(H_3)，工业烟尘排放总量(万吨)(H_4)，工业粉尘排放量(万吨)(H_5)，环境污染治理投资总额(亿元)(H_6)，工业废水排放总量(亿吨)(H_7)，污水COD排放量(万吨)(H_8)
	结构指标	工业废水排放达标率(%)(H_9)，工业固体废物综合利用率(%)(H_{10})，自然保护区面积占辖区面积比例(%)(H_{11})
	质量指标	城市总悬浮颗粒物年均值浓度(微克/立方米)(H_{12})，城市SO_2年均值浓度(微克/立方米)(H_{13})，城市氮氧化物均值浓度(微克/立方米)(H_{14})
人口子系统	总量指标	人口总数(万人)(R_1)，全社会就业人员数(万人)(R_2)
	结构指标	社会经济活动人口比重(%)(R_3)，第三产业就业人数比重(%)(R_4)，男女性别比(%)(R_5)
	质量指标	城乡人口比(%)(R_6)，大专以上人口比例(%)(R_7)，自然增长率(%)(R_8)

从表 4.1 可以看出，食物系统的总量指标主要由粮食总产量(S_1)、农业机械总动力(S_2)、农作物总播种面积(S_3)三个指标构成。其中粮食总产量指的是指全社会的产量，不但包括国有经济经营的、集体统一经营的和农民家庭经营的粮食产量，而且还包括工矿企业办的农场和其他生产单位的产量，这里的粮食除包括稻谷、小麦、玉米、高粱、谷子及其他杂粮外，还包括薯类和豆类等，可见，该指标是食物系统总量状况的直接反映，同时也是食物系统的主质参量；农业机械总动力指的是主要用于农、林、牧、渔业的各种动力机械的动力总和；农作物总播种面积则指的是实际播种或移植有农作物的面积，可见，这两个指标分别是从机械动力条件和播种面积基础条件两个角度来反映食物总量情况的。食物系统结构指标主要由粮食播种面积占农作物总播种面积的比重(S_4)和有效灌溉面积占农作物总播种面积的比重(S_5)两个指标构成的，这两个指标主要是从动态的角度反映食物系统粮食产品的生产条件。食物系统质量指标主要由粮食亩产量(S_6)、人均耕地面积(S_7)，人均粮食占有量(S_8)反映了粮食的生产能力。

能源子系统一共有十个指标，其中总量指标有三个，能源消费总量(N_1)指的是在一定时期内，全国各行业和居民生活消费的各种能源的总和，该指标是观察能源消费水平、构成和增长速度的基础性总量指标；能源生产总量(N_2)是指一定时期内，全国一次能源生产量的总和，该指标是观察全国能源生产水平、规模、构成和发展速度的基础性总量指标；国有经济能源工业固定资产投资额(N_3)指的是能源工业的投资水平，反映了区域能源产出的保障能力。能源系统结构指标主要有四个指标构成，其中煤炭消费比例(N_4)和油气产量比例(N_5)是反映了区域主体能源的消费结构情况；石油进口依存度(N_6)是区域石油安全性的一个重要指标，是能源供给是否安全的主要指标；能源平衡度(N_7)等于能源平衡额与能源消费总量之比的绝对值，反映了能源总体的供需平衡程度。

能源系统质量指标有三个,其中单位GDP能耗(N_8)等于能源消费总量除以国内生产总值,指的是一定时期内,一个国家或地区每生产一个单位的国内生产总值所消耗的能源;能源消费弹性系数(N_9)等于能源消费量年平均增长速度除以国民经济年平均增长整速度,该指标反映能源消费增长速度与国民经济增长速度之间的比例关系;能源加工转化效率(N_{10})指的是一定时期内,能源经过加工、转换后,产出的各种能源产品的数量与同期内投入加工转换的各种能源数量的比率,该指标是观察能源加工转换装置和生产工艺先进与落后、管理水平高低等的重要指标,其大小等于能源加工转换产出量除以能源加工转换投入量。

经济子系统总量指标一共有七个指标,其中国内生产总值(亿元)(J_1)指的是按市场价格计算的一个国家(或地区)所有常住单位在一定时期内生产活动的最终成果,是经济产出水平的集中体现,是经济系统中的主质参数;全社会固定资产投资总额(J_2)指的是以货币形式表现的在一定时期内全社会建造和购置固定资产的工作量以及与此有关的费用的总称,反映了固定资产投资规模、结构和发展速度的综合性指标,是观察工程进度和考核投资效果的重要依据;居民储蓄(J_3),R&D投入(J_4),社会消费品零售总额(J_5),外商直接投资(J_6),进出口贸易总额(J_7)则分别是从居民储蓄、消费、科技投入以及对外经济等角度从总量上反映经济运行的规模,是经济发展的各类总量条件;结构指标是由出口商品工业制成品比重(J_8),工业占GDP比重(J_9),第三产业占GDP比重(J_{10}),工业企业总资产贡献率(J_{11})四个指标构成的,其中第三产业占GDP比重(J_{10})是经济结构优化调整的集中体现,反映了经济系统结构动态变化的指标,其他四个指标主要反映了工业产品出口、总量及资产贡献在经济总量中的比例关系,综合反映了工业在经济系统结构优化中的地位及变化趋势。经济子系统质量指标一共有四个指标,其中第三产业增加值指数(J_{12})是第三产业发展状况的综合体现，反映了第三产业整体发展情况；全社会劳动生产率（J_{13}）指根据产品的价值量指标计算的平均每一个从业人员在单位时间内的产品生产量，是考核企业经济活动的重要指标，同时也是企业生产技术水平、经营管理水平、职工技术熟练程度和劳动积极性的综合表现；居民消费水平（J_{14}）是指居民在物质产品和劳务的消费过程中，对满足人们生存、发展和享受需要方面所达到的程度，是通过消费的物质产品和劳务的数量和质量反映出来；人均 GDP（J_{15}）等于一个国家或地区在核算期内（通常是一年）实现的国内生产总值除以这个国家或地区的常住人口（目前使用户籍人口），该指标是衡量各国人民生活水平的一个标准，也是了解和把握一个国家或地区的宏观经济运行状况的有效工具。

环境子系统总量指标一共有八个指标，因为工业污染是环境污染的主要原因，因此依据指标设定原则，本文分别从工业三废排放及环境治理投资的角度来进行设定。其中工业废气排放总量（H_1）指的是报告期内企业厂区内燃料燃烧和生产工艺过程中产生的各种排入大气的含有污染物的气体的总量，是以标准状态（273 K，101325 Pa）计算，该指标直接反映了大气染污的总体情况；工业固体废物生产量（H_2）指报告期内企业在生产过程中产生的固体状、半固体状和高浓度液体状废弃物的总量，包括危险废物、冶炼废渣、粉煤灰、炉渣、煤矸石、尾矿、放射性废物和其他废物等，不包括矿山开采的剥离废石和掘进废石（煤矸石和呈酸性或碱性的废石除外），工业固体废物的堆存占用大量土地，并对空气、地表水和地下水产生二次污染；工业烟尘排放总量（H_4）和工业粉尘排放量（H_5）是指工业企业在生产工艺过程中所排放的烟尘和粉尘颗粒物重量，是形成大气悬浮颗粒的主要来源之一；环境污染治理投资总额（H_6）指在工业污染源治理和城市环境基础设施建设的资金投入中，用于形成固定资产的资金，包括工业新老污染源治理工程投资、建设项目"三同时"环保投资，以及城市环境基础设施建设所投入的资金,该指标综合反映了一个国家或地区环境治污的能力;工业废水排放总量(H_7)和污水COD排放量(H_8)是从水资源的角度反映水污染情况,分别指的是经过企业厂区所有排放口排到企业外部的工业废水量及用化学氧化剂氧化水中有机污染物时所需的氧量。环境子系统结构指标主要由工业废水排放达标率(H_9),工业固体废物综合利用率(H_{10})和自然保护区面积占辖区面积比例(H_{11}),综合反映了环境治理和保护的程度和力度;环境子系统的质量指标主要有三个,其中城市总悬浮颗粒物年均值浓度(H_{12})是指各城市悬浮在大气中不易沉降的所有的颗粒物的平均浓度,主要包括各种固体微粒,液体微粒等,其直径通常在0.1—100微米之间,主要来源于燃料燃烧时产生的烟尘、生产加工过程中产生的粉尘、建筑和交通扬尘、风沙扬尘以及气态污染物经过复杂物理化学反应在空气中生成的相应的盐类颗粒;城市SO_2年均值浓度(H_{13})和城市氮氧化物均值浓度(H_{14})是指城市中SO_2和氮氧化物的平均含量,其中氮氧化物包括一氧化二氮、一氧化氮、二氧化氮等,由于大气环境是生物得以存在和发展的基础性条件,因此这三个指标是环境质量状况的集中反映。

人口子系统一共有八个指标,其中总量指标是由人口总数(R_1)和全社会就业人员数(R_2)两个指标组成的。人口总数指的是一定时间、一定地区范围内有生命的个人总和,是人口子系统的主质参数,是人口总量的直接反映;全社会就业人员数是指16周岁及以上,从事一定社会劳动并取得劳动报酬或经营收入的人员,这一指标反映了一定时期内全部劳动力资源的实际利用情况,是研究国情国力的重要指标。结构指标是由社会经济活动人口比重(R_3)、第三产业就业人数比重(R_4)和男女性别比(R_5)组成,通常社会经济活动人口比重和第三产业就业人数比重越高、男女性别比例越协调说明人口结构越合理;质量指标主要是由城乡人口比(R_6)、大专以上人口比例(R_7)和自然增长率(R_8)三个指标组成，城乡人口比反映了城乡人口总体的变化情况，是城乡二元结构质量水平调整在人口方面的直接反映；而大专以上人口比例则是人口中人力资源存量提高的基本要求，同时也是人口素质的集中体现；自然增长率指在一定时期内（通常为一年）人口自然增加数（出生人数减去死亡人数）与该时期内平均人数（或期中人数）之比，这是人口总量增长的潜在衡量条件，也是人口素质得以保证的基础性条件。

二、FEEEP系统协调发展水平测度

区域FEEEP系统协调发展水平的测度是区域FEEEP系统协调发展量化的一个方面，是FEEEP系统协调发展程度的水平状态变量。因此，测度区域FEEEP系统协调发展水平是人们了解区域FEEEP系统的共生进化状态，识别区域是否存在FEEEP问题及其整体变化趋势的重要依据，同时也是调控FEEEP系统、促进区域可持续发展提供科学决策的依据。本章主要内容：首先在概述现有协调发展水平测度模型的基础上，提出了基于偏最小二乘（PLS）通径模型的协调发展水平测度模型；其次，从总量、质量和结构三个维度构建了区域FEEEP系统协调发展水平指标体系；最后依据上述指标体系及测度模型实证测度改革开放以来中国FEEEP系统的协调发展水平。

（一）综合测度方法概述

从可持续发展理论的角度来看，要实现区域可持续发展的要求，其最本质的要求就是实现区域可持续复合系统的协调发展。可见，了解和掌握区域可持续复合系统的协调发展水平不但有助于我们了解区域可持续发展的现状，而且还可以有助于我们判断分析区域可持续发展过程中所存在的问题及其影响因素，对于我们制定区域可

持续发展战略规划及对可持续发展复合系统协调发展的调控有着积极的理论和实践的指导意义。

学者们就区域可持续复合系统协调发展水平的测度做了大量的研究工作。从现有的协调发展水平的测度方法、性质的分类来看，主要有三类：主观赋权法、客观赋权法和组合赋权法。其分类如图4.1所示。

协调发展水平测度方法
- 主观赋权法
  - 专家调查法
  - 环比评分法
  - 层次分析法
  - ……
- 客观赋权法
  - 熵值法
  - 离差最大化法
  - 主成份分析法
  - ……
- 组合赋权法
  - 方差最大化赋权法
  - 最佳协调赋权
  - 组合目标规划法
  - ……

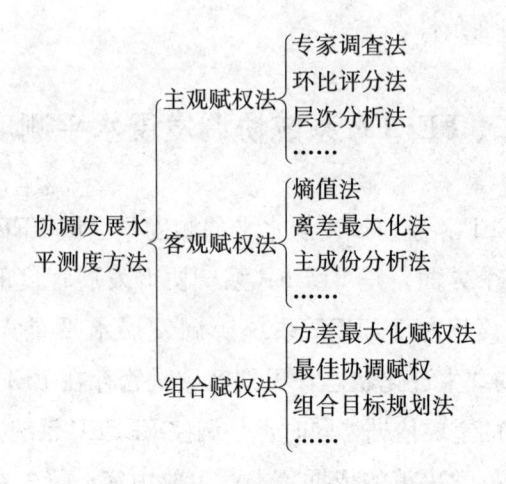

图4.1 协调发展水平测度方法分类图

下面就各种类型的主要方法作一简要概述：

1. 主观赋权法

主观赋权法指的是根据人们主观上对各测度指标的重视程度来确定其权重的方法，主要有：专家调查法、环比评分法、层次分析法等。

(1) 专家调查法

这是一种向专家发函、征求意见的一种调研方法。研究者可以事先设计出与研究对象相关的各指标重要程度调查表，分别征询专家对各指标权数分配的意见，然后进行统计处理，并反馈咨询结果，经几轮咨询后如果专家意见趋于集中，则以最后一次统计均数作为赋权结果，最后通过所得的权重对所选取的指标进行综合，其结果即为最终的协调发展水平值。

(2) 环比评分法

环比评分法是将所有指标从上到下进行排列，假定下面一个指标的重要性为 1，将每个指标与下面一个指标进行比较，到最后一个指标的得分为 1，由下向上计算各指标的得分，最后对指标进行标准化处理。其计算步聚如下：

① 假设 i 系统有 n 个指标，即 $X_i = (x_{i1}, x_{i2}, \cdots, x_{in})$，将这 n 个指标进行排序，假设是按指标下标进行逆排序；

② 由决策者按 $x_{i,k+1}$ 与 $x_{i,k}$ 之间的重要性进行比较，得出 μ_{ik} 各指标的相对重要分数，$k=1, 2, \cdots, n$；

③ 令 $w'_{i1}=1$，按 $w'_{ik+1}=\mu_{i,k+1} \times w'_{ik}$ 测算各指标的总比率，然后按式 $w_{ik} = w'_{ik} / \sum_{k=1}^{n} w'_{ik}$ 标准化后得出各指标的权重；

④ 依据式：$D_i = \sum_{k=1}^{n} w_{ik} \times \widetilde{x_{ik}}$ 对各指标进行聚合，得出系统 i 的协调发展水平值，其中 $\widetilde{x_{ik}}$ 为各指标标准化后的值。

(3) 层次分析法

层次分析法（简称 AHP 法）是上个世纪 70 年代美国匹兹堡大学教授萨蒂提出的，是一种定性分析与定量分析相结合的系统工程的分析方法。其具体步聚如下：

① 依据具本测度目标将指标体系按一定的层次进行划分，并作出指标层次结构图；

② 构造判断矩阵。将同一层次的指标进行两两比较，比较的结果可以用判断矩阵 $A = (a_{ij})_{n \times n}$，$a_{ij}$ 表示同一层次 i 指标与 j 指标的相对重要程度，具体值可以用 1~9 或其倒数表示；

③ 计算权重向量，并进行一致性检验。用特征向量法中的和积法确定 w，即对矩阵 A 的各列向量进行归一化，得到矩阵：$B = (b_{ij})_{m \times m}$，其中 $b_{ij} = a_{ij} / \sum_{i=1}^{m} a_{ij} (i, j = 1, 2, \cdots, m)$。然后按行求

和、归一化，所得的列向量即为矩阵 A 的特征向量。

进一步计算矩阵 A 的最大特征根：$\lambda_{\max}=\sum\limits_{i=1}^{m}\dfrac{(Aw)_i}{mw_i}$，其中 $(Aw)_i$ 表示第 i 个元素；一致性指标：$CI=\dfrac{\lambda_{\max}-m}{m-1}$，检验系数 $CR=\dfrac{CI}{RI}$，其中 RI 为平均一致性指标；

从而对矩阵 A 进行一致性检验。一般若 $CR<0.1$，可认为判断矩阵 A 具有满意的一致性，w 为其相应的权重向量；若 $CR\geqslant 0.1$，需对判断矩阵 A 进行修正，使其具有满意的一致性；

④ 根据 y_i' 及目标层关于准则层的权重 $w=(w_1,w_2,\cdots,w_5)^T$，依据式：$D_i=\sum\limits_{i=1}^{n}W_i\widetilde{x_i}$，对 n 个指标进行聚合，求出系统的协调发展水平值，其中 $\widetilde{x_i}$ 为各指标标准化后的值。

2. 客观赋权法

客观赋权法指的是根据各指标所提供的信息量的大小来决定相应指标权重的方法，该类方法不含有人的主观因素。主要有：熵值法、离差最大化法、主成份分析法等。

(1) 熵值法

熵值法是一种根据指标传输给决策者的信息量的大小来确定各指标权重的一种测度方法。假设有 m 个方案，n 个指标，x_{ij} 为第 i 个方案第 j 项指标的原始数据。对于给定的 j，x_{ij} 的差异越大，则该项指标对方案的比较作用越大，亦即该项指标包含和传输的信息越多，信息的增加意味着熵的减少，熵可以用来度量这种信息量的大小，其步骤如下：

① 计算第 j 项指标下，第 i 个方案数值的比重：$p_{ij}=x_{ij}/\sum\limits_{i=1}^{m}x_{ij}$，$x_{ij}$ 为经过正向标准化后的数值；

② 计算第 j 项指标的熵值：$e_j=-K\sum\limits_{i=1}^{m}p_{ij}\ln p_{ij}$ 式中常数 K 与系

统的样本数 m 有关，$K = 1/\ln m$；

③ 计算指标 j 和差异性系数。对于给定的 j，x_{ij} 的差异越小，则 e_j 越大，当 x_{ij} 全都相等时，$e_j = e_{\max} = 1$，此时对于方案的比较，指标 x_j 就没有作用；当 x_{ij} 差异越大，则 e_j 就越小，指标对于方案的比较作用就越大，因此 $g_j = 1 - e_j$，g_j 越大，其重要性越大；

④ 确定指标权重：$w_j = g_j / \sum\limits_{j=1}^{n} g_j$，$w_j$ 即为标准化后的权重；

⑤ 协调水平的测度。对于单层结构，则指标 x_{ij} 的评价值为：$f_{ij} = w_j \widetilde{x_{ij}}$，其中 $\widetilde{x_{ij}}$ 为 x_{ij} 的标准化值，则第 i 个系统协调发展水平的评价值为：$f_i = \sum\limits_{j=1}^{n} f_{ij}$。

对于多层次结构，则热气熵的可加性，可以运用下层结构的指标信息效用值来确定对应于上层结构的权重 W_j 数值。先对下层结构的每类指标效用值求和，得到各类指标效用值的和记为 $D_k (k = 1, 2\cdots, k)$，进而得到全部指标效用值的和；指标对应于上层结构的权重为：$W_j = g_j / D$ 则该指标对应于上层结构的评价值为：$f'_{ij} = \sum\limits_{i=1}^{n} W_j x'_{ij}$。若上一层包含有 k 个，则上层结构的评价值为：$F_i = \sum\limits_{i=1}^{k} \sum\limits_{j=1}^{n} W_j f_{ij}$。

(2) 离差最大化法

离差最大化法的基本思想是假设 x_{ij} 为第 i 个考察对象的第 j 个指标，如果该指标对所有考察对象协调发展水平均无差别，则说明指标 i 对所有的考察对象来说是不起作用的，因此可令该指标的权系数为 0；反之如果指标 x_{ij} 对不同考察对象发展水平的测度有不同的影响，并且有较大的差异性，则该指标应给予较大的权系数。指标 j 的权重按下式测算：

$$\widetilde{W_j^*} = \frac{\sum\limits_{i=1}^{n} \sum\limits_{k=1}^{n} |\widetilde{x_{ij}} - \widetilde{x_{kj}}|}{\sum\limits_{j=1}^{m} \sum\limits_{i=1}^{n} \sum\limits_{k=1}^{n} |\widetilde{x_{ij}} - \widetilde{x_{kj}}|}$$

其中 $\widetilde{x_{ij}}$ 是指标 x_{ij} 无量纲化的值。最后依各指标所求得的权数进行加权测算，并得出各研究对象的协调发展水平。

（3）主成份分析法

主成份方法是一种多元统计分析方法，其实质是重新组织数据使变量的维数显著降低，而信息损失尽可能少，以便在低维子空间上顺利研究有关问题，该方法是用原变量的线性组合作为新变量，并从中选出若干方差较大的、且互不相关的以代替原变量。其具体步聚如下：

① 用 $Z-SCORE$ 方法对各指标的原始数值进行无量纲化，并得到指标的标准化矩阵 $\widetilde{X}$。即：

$$\widetilde{x_{ij}} = \frac{x_{ij} - \overline{x_j}}{s_j}, \quad \overline{x_j} = \frac{1}{n}\sum_{j=1}^{n} x_{ij}, \quad s_j = \sqrt{\frac{1}{n-1}\sum_{i=1}^{p}(x_{ij} - \overline{x_j})^2}$$

② 计算指标数据的相关系统矩阵 R；

③ 求特征方程 $|\lambda I - R| = 0$ 的非负特征根 λ_i，$i = 1, 2, \cdots, n$ 及特征向量 $y = (y_1, y_2, \cdots, y_m)$；

④ 通过 λ_i 计算各分量的贡献率：$a_i = \lambda_i / \sum_{i=1}^{n} \lambda_i$，当前 γ 个主成份的累计贡献率大于 85% 时，就可以确定该系统分指标的主成份为：$y = (y_1, y_2, \cdots, y_\gamma)$；

⑤ 计算各系统的协调发展水平值 D：$D_i = a_1 y_1 + a_2 y_2 + \cdots + a_\gamma y_\gamma$。

3. 组合赋权法

组合赋权法是一种综合主、客观赋权法的结果而确定权重的一种方法。从上述的分析可以看出，主观赋权法会受到评价者的知识或经验的影响，在综合测度过程中可能会产生一定的主观随意性，而客观赋权法虽然通常利用了比较完善的数学理论与方法，但忽视了评价者的主观信息，同时这些信息在评价中又是非常重要的，于是人们又提出了综合主、客观赋权法的组合赋权法。具体方法主要有：方差最大化赋权法、最佳协调赋权法、组合目标规划法等。假设主观赋权法对 j 项指标确定的权数为 w_j，客观赋权法对第 j 项指标确定的权数为 a_j，则组合赋权法的权重可以采用：$\lambda_j = a_j w_j / \sum_{j=1}^{n} a_j w_j$ 求得，也可以通过引入偏差函数、构建线性目标规划模型使主客观赋权偏差最小来求得最优。

从上述的分析可以看出，可持续复合系统协调发展水平的测度是属于多指标综合测度的问题，但从具体的测度方法来看无论是主观赋权法、客观赋权法还是组合赋权法均存在以下三个方面的问题：一是这些方法均没有考虑到指标变量之间的相关性所带来的影响。当指标变量存在严重的多重相关性时，就很有可能会夸大系统中某些特征的作用，这样得出的结论也就不能真实地反映系统的协调发展状态，如：在经济系统中，国民生产总值和社会消费品零售总额这两个指标分别是从居民消费规模和经济发展规模两个角度反映经济系统的总量水平的，但这两个指标又不可避免地会存在一定的相关性，即社会消费是国民生产总值的主要来源之一，因此如果对两个指标做综合测度就必然会在一定程度上夸大国民生产总值在经济系统协调发展中的作用；二是由于系统的协调发展水平不是一个可以直接测量出来的概念，而是需要通过一些与协调发展水平相关的可测度变量来共同反映，这样就需要将系统的协调发展水平作为隐变量来进行识别，而这些隐变量是通过若干组指标体系即显变量组来共同表达的，因此直接测度系统的协调发展水平也是不合理的；三是上述各种方法无法对所构建的系统指标体系的有效性做出判断。由于可持续复合系统是由各具体指标体系来共同表达的，指标体系的合理性也就决定了所测度的系统协调发展水平的准确性，因此就需要对所构建的指标体系能否反映系统的协调发展水平做一个有效的检验和判断。由于区域 FEEEP 系统协调发展水平的量化问题也是属于多指标综合测度问题，为解决上述方法所引起的问题，本文提出了应用偏最小二乘通径模型来测度区域 FEEEP 系统的协调发展水平。

(二) 协调发展水平测度

偏最小二乘（PLS）通径模型是伍德（Wold）等于上世纪八十年代在 PLS 回归的基础上提出的一种新型方法。方法的测度功能与结构方程类似，但与结构方程模型以样本协方差矩阵建模思路不同，偏最小二乘（PLS）通径模型是通过一系列一元或多元线性回归进行迭代求解。由于偏最小二乘（PLS）通径模型采用了偏最小二乘（PLS）回归方法，因此当各变量集合内部存在较高程度的相关性时，该方法处理的结果更加可靠有效，同时该方法在研究区组结构、隐变量与其显变量内部之间的关系时没有象结构方程模型那样对显变量做特定的概率分布的假设，也不存在模型的不可识等一些问题，而且对样本点容量的要求也相对宽松。可见，偏最小二乘通径模型能弥补上述三种类型方法的缺限，所测度的区域 FEEEP 协调发展水平结果也更具有可靠性。下面就偏最小二乘（PLS）通径模型作一概述。

1. 模型结构

假设有 J 组显变量，每组含有 pj 个变量，则每组显变量可以表示为：$X_j = (x_{j1}, x_{j2}, \cdots, x_{jp_j})$，$(j=1, 2, \cdots, J)$，通常假定显变量 $x_{jh}(j=1, 2, \cdots, J; h=1, 2, \cdots, pj)$ 都基于 n 个共同的观测点，并且每个变量都是中心化的。每组显变量 X_j 都对应一个隐变量 $\xi_j(j=1, 2, \cdots, J)$，并且假设 ξ_j 是标准化的，即均值为 0，方差为 1。这样每组显变量 X_j 与对应的隐变量 ξ_j 之间就构成了测量模型，又称为外部模型，而不同的隐变量 ξ_j 之间则就构成了结构模型，又称为内部模型。如图 4.2 所示。

(1) 测量模型

测量模型通常有两种形式来表达显变量与隐变量之间的关系，一种是反映方式，如图 4.2 中 x_{1p1} 与 ξ_1、x_{3p3} 与 ξ_3 之间的尖头指向关系；另一种是构成方式，如图 4.2 中 x_{2p2} 与 ξ_2 之间关系。

① 反映方式

在反映方式中，每一显变量都与唯一的隐变量相关联，则第 j 组显变量 x_{jh} 与其隐变量 ξ_j 的关系可以通过一个一元线性回归方程来表示，即：

$$x_{jh} = \lambda_{jh}\xi_j + \varepsilon_{jh} \tag{4.1}$$

其中 ε_{jh} 是随机误差项。且式 4.1 需满足假设各件：

$$E(x_{jh} \mid \xi_j) = \lambda_{jh}\xi_j \tag{4.2}$$

上述假设说明残差 ε_{jh} 均值为 0，并且与隐变量 ξ_j 不相关，又称为预测指定条件。

在反映方式中，一组显变量只能反映事物某一方面的特征，也即这组显变量所反映的隐变量是唯一维度的，因此需要对这组显变量做唯一维度检验。对于显变量的唯一维度检验，通常有三种检验方法：显变量的主成份分析；科隆巴奇系数 α；迪侬高德期丹系数 ρ。具体将在模型检验中介绍。当显变量不满足唯一维度检验时，可以删除某些变量也可以对变量组做拆分以满足要求。

② 构成方式

构成方式指的是隐变量 ξ_j 是其显变量组 X_j 中所有变量的线性组合，即：

$$\xi_j = \sum_{h=1}^{p_j} \overline{\omega}_h x_{jh} + \delta_j \tag{4.3}$$

式中 δ_j 为随机误差项。式 4.3 也要满足预测指定条件，即：

$$E(\xi_j \mid x_{j1}, x_{j2}, \cdots, x_{jp_j}) = \sum_{h=1}^{p_j} \overline{\omega}_h x_{jh} \tag{4.4}$$

说明残差 δ_j 均值为 0，并且与显变量 x_{jh} 不相关。

(2) 结构模型

结构模型描述了不同隐变量 ξ_j 之间的因果关系，通常是一组线性方程组来表示。表达式如下：

$$\xi_j = \sum_{i \neq j} \beta_{ji} \xi_i + \zeta_j \tag{4.5}$$

式中 ζ_j 为随机误差项。同时 ζ_j 也满足预测指定性条件，即残差 ζ_j 的均值为 0，并且与 ξ_i 不相关。

式 4.5 说明隐变量之间存在相互制约相互影响的关系，因此可以看成一个因果关联模型，而且必须是因果链，即在因果模型中不存在回环。因此，内部结构因果关联模型可以用一个 0/1 方阵来表示，其维数为隐变量的个数，如果隐变量 j 解释了隐变量 i，则矩阵中的元素 (i, j) 取值为 1，否则为 0，此矩阵也称为内部设计矩阵。

2. 模型检验

在测量模型的反映方式中，需要对显变量进行唯一维度检验，即对一组显变量对应的隐变量是不是唯一的进行检验。主要有以下三种方法：

(1) 显变量组的主成份分析

如果一组显变量相关系数矩阵第 1 个特征值大于 1，而其他特征值均小于 1，那么就可以认为这组显变量是符合唯一维度检验。

(2) 科隆巴奇系数

设 $\sum_{h=1}^{p} x_h$ 的方差为：

$$Var(\sum_{h=1}^{p} x_h) = p + \sum_{h \neq h'} Cov(x_h, x_{h'}) \tag{4.6}$$

由于 x_h 是标准化变量，因此，变量的协方差等于其相关系数，即：

$$Cov(x_h, x_{h'}) = r(x_h, x_{h'}), (h \neq h')$$

则 4.6 式可变为：

$$Var\left(\sum_{h=1}^{p} x_h\right) = p + \sum_{h \neq h'} r(x_h, x_{h'}) \tag{4.7}$$

如果 $\sum_{h \neq h'} r(x_h, x_{h'})$ 越大，则这组变量满足唯一维度的可能性越大，因此，可以计算下面的比率：

$$\alpha' = \frac{\sum_{h \neq h'} r(x_h, x_{h'})}{p + \sum_{h \neq h'} r(x_h, x_{h'})} \tag{4.8}$$

当 $r(x_h, x_{h'})$ 都等于 1 时，α' 取到最大值 $\frac{p-1}{p}$，将 α' 除以它的最大值，则可以得到科隆巴奇系数 α 为：

$$\alpha = \frac{\sum_{h \neq h'} r(x_h, x_{h'})}{p + \sum_{h \neq h'} r(x_h, x_{h'})} \frac{p}{p-1} \tag{4.9}$$

当科隆巴奇系数 α 大于 0.7 时，则该组显变量可以被认为是唯一维度的。

(3) 迪侬-高德斯丹系数

假设一组显变量中的每一个显变量 $x_h(h=1, 2, \cdots, p)$ 与对应的隐变量 ξ 是正相关，则意味着式 4.1 中所有系数 λ_h 都是正的，如果方程系数 λ_h 的取值足够大，则这组变量是唯一维度的。依式 4.1 可得：

$$x_h = \lambda_h \xi_j + \varepsilon_h$$

由于 ε_h 满足预测指定性条件，因此 $\sum_{h=1}^{p} x_h$ 的方差为：

$$Var\left(\sum_{h=1}^{p} x_h\right) = Var\left(\sum_{h=1}^{p} (\lambda_h \xi + \varepsilon_h)\right)$$

$$= \left(\sum_{h=1}^{p} \lambda_h\right)^2 Var(\xi) + \sum_{h=1}^{p} Var(\varepsilon_h) \tag{4.10}$$

当 $\left[\sum_{h=1}^{p}\lambda_h\right]^2$ 越大，这组变量满足唯一维度条件的可能性就越大，由此，迪依-高德斯丹系数 ρ 被定义为：

$$\rho=\frac{\left[\sum_{h=1}^{p}\lambda_h\right]^2 Var(\xi)}{\left[\sum_{h=1}^{p}\lambda_h\right]^2 Var(\xi)+\sum_{h=1}^{p}Var(\varepsilon_h)} \quad (4.11)$$

由于所有的显变量 x_h 和对应的隐变量 ξ 均为标准化变量，隐变量 ξ 可以近似地取为这组显变量标准化的第 1 个主成份 t_1，利用 4.1 式可得 λ_h 的估计值为 $r(x_h, t_1)$，$Var(\varepsilon_h)$ 的估计值为 $1-r(x_h, t_1)^2$，因此迪依-高德斯丹系数 ρ 的估计值为：

$$\tilde{\rho}=\frac{\left[\sum_{h=1}^{p}r(x_h, t_1)\right]^2}{\left[\sum_{h=1}^{p}r(x_h, t_1)\right]^2+\sum_{h=1}^{p}[1-r^2(x_h, h_1)]} \quad (4.12)$$

当迪依-高德斯丹系数 ρ 大于 0.7 时，一组显变量可以认为是唯一维度的。

3. 模型估计

偏最小二乘估计主要是通过迭代的方法对隐变量进行估计，可以从两个方面进行：一种是根据显变量与隐变量之间的关系来对隐变量进行计算，又称为外部估计；另一种方法是通过对隐变量之间的关联关系进行计算，又称为内部估计。

(1) 外部估计

隐变量 ξ_j 可以由显变量 $x_{jh}(j=1, 2, \cdots, J; h=1, 2, \cdots, p_j)$ 的线性组合来估计，记该估计量为 Y_j。由于在上述模型中假设隐变量 ξ_j 是标准化的，因此，有：

$$Y_j^* = \left[\sum_{h=1}^{p_j} w_{jh} x_{jh}\right] = (X_j w_j)^* \qquad (4.13)$$

式中 w_j 为权数向量,星号表示对估计量进行模准化处理。

(2) 内部估计

内部估计主要是对隐变量 ξ_j 和与之相关联的其他隐变量进行的估计,记为 Z_j,则有:

$$Z_j = \left[\sum_{i:\ \beta_{ji} \neq 0} e_{ji} Y_i\right] \qquad (4.14)$$

式中 β_{ji} 为式 4.5 的系数,e_{ji} 为内部权数。e_{ji} 的计算方法为:

$$e_{ji} = \text{sign}(r(Y_j,\ Y_i)) = \begin{cases} 1 & (r(Y_j,\ Y_i) > 0) \\ 0 & (r(Y_j,\ Y_i) = 0) \\ -1 & (r(Y_j,\ Y_i) < 0) \end{cases} \qquad (4.15)$$

其中 sign 为符号函数;$r(Y_j,\ Y_i)$ 表示外部估计量 Y_j 与 Y_i 的相关系数。

对于权重 w_j 可以用下面两种模式进行估计:

① 模式 A

$$w_j = \frac{1}{n} X_j^T Z_j \qquad (4.16)$$

此时权重向量 w_j 是变量 X_j 与 Z_j 的相关系数或方差,对于标准化的变量,实际上 w_j 是变量 Z_j 对 X_j 作偏最小二乘回归的第 1 个成份的权数,即偏最小二乘回归的第 1 个轴向量。

② 模式 B

$$w_j = (X_j^T X_j)^{-1} X_j^T Z_j \qquad (4.17)$$

此时权重向量 w_j 表示变量 Z_j 对 X_j 普通最小二乘回归的方程系数。

当显变量与隐变量的关系为反映方式时，一般选择模式 A 计算权重，当显变量与隐变量的关系为构成方式时，一般选择模式 B 计算权重。同时，由于由于每一个显变量集合都必然存在高度的多重共线性，因此，在这种情形下选用模式 B 存在很大的估计误差，而选用模式 A 采用偏最小二乘方法进行计算时，更加适用于偏最小二乘通径模型的设定条件。

偏最小二科通径模型一般利用迭代法来计算隐变量，最后根据隐变量的估计值来计算测量模型与结构模型，其具体步骤如下：

第 1 步：取向量 Y_j 的初始值等于 x_{j1}；

第 2 步：通过 4.14 式计算 Z_j 的估计值；

第 3 步：根据 Z_j 的估计值，通过 4.16 式或 4.17 式计算权重向量 w_j；

第 4 步：利用计算得到的 w_j，通过 4.13 式计算 Y_j，然后再回到第 2 步直到计算收敛为止，最终得到 Y_j 作为对隐变量 ξ_j 的估计 $\hat{\xi}_j$；

第 5 步：根据得到的隐变量 ξ_j 的估计 $\hat{\xi}_j$，利用线性加模型中的普通最小二乘法估计测量模型和结构模型中的各项系数 λ_{jh} 和 β_{ji}。

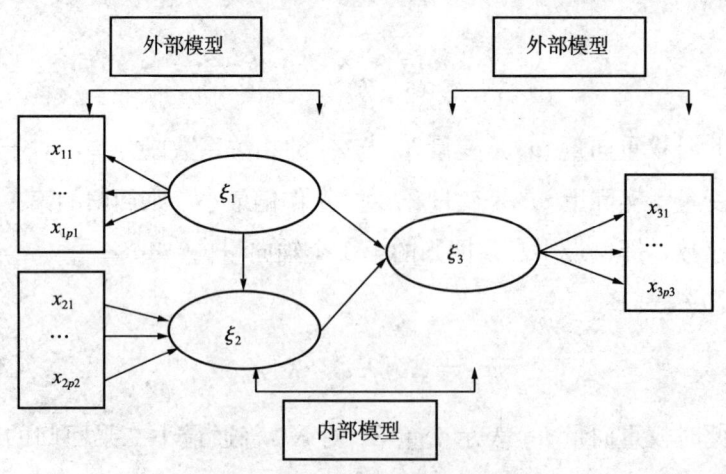

图 4.2　PLS 通径模型结构图

（三）区域 FEEEP 系统协调发展水平测度实证分析

依据上述所构建的偏最小二乘（PLS）通径模型及相关指标数据，下面分别测算中国自改革开放以来 FEEEP 系统各子系统的协调发展水平及整体 FEEEP 系统协调发展水平，其具体测度与检验结果如下。

1. 数据处理

（1）数据来源

自改革开放以来，中国经济取得了举世瞩目的成就，也是 FEEEP 问题产生和深化的主要时期，因此测度改革开放以来中国 FEEEP 系统协调发展水平对于了解中国 FEEEP 问题状况、探寻中国 FEEEP 问题形成的原因及其演化规律均有着极为重要的意义，是解决中国 FEEEP 问题、制定基于中国特色的可持续发展战略规划的依据。因此，本章以上述所构建的指标体系为基础，选取 1978—2013 年各指标的数据来测度中国改革开放以来各年 FEEEP 系统的协调发展水平。

所有指标数据主要来源于《新中国 55 年统计资料汇编（1949—2004）》、《中国劳动统计年鉴（1994—2014）》、《中国统计年鉴（1985—2014）》、《中国能源统计年鉴（1986、1989、1991—2014）》、《中国工业交通能源 50 年统计资料汇编（1949—1999）》、《中国环境统计资料汇编（1981—2013）》、《中国环境年鉴（1991—2013）》、《中国环境发展报告（1991—2013）》、《中国人口和就业统计年鉴》。

从具体指标数据来看，大部分年份的数据均可以从上述统计年鉴中直接查到、计算得到，但少部分指标数据很难直接查得，其中由于 1978 年至 1981 年这段时间统计资料相对缺乏，因此这段时间各指标数据缺失得相对较多。因此，为保持数据的连贯性，对于缺失的数据，本文以近五年数据为基础采用内插外推处理所得。

（2）数据预处理

在所筛选的 55 个指标中，既有效益型，又有成本型指标，还有中间型指标。如：对于 GDP，实有耕地面积、粮食播种面积等指标，人们总是希望它们取值越大越好，这类指标即为效益型指标；而对于工业废水排放量、工业废气排放量等指标，人们总希望它们取值越小越好，这类指标即为成本型指标；还有一类指标并不是越大越好，也不是越小越好，而是有一个具体的数据才是最好的，如：石油对外依存度、工业的 GDP 比重等。因此，为得到科学合理的协调发展水平的测度指数，需要将指标数值进行调整，将指标转化为无量纲的相对数，同时数值大小规范在 [0, 1] 内，指标无量纲化方法很多，本文采用直线型无量纲化方法，具体为：

对于效益型指标：取 1978—2013 年中数值最大者为 $x_{\max}$，最小者为 $x_{\min}$；则指标 x_i 的处理值为：$\widetilde{x_i} = (x_i - x_{\min})/(x_{\max} - x_{\min})$。

对于中间型指标：取 1978—2013 年中数值最大者为 $x_{\max}$，最小者为 $x_{\min}$，x_i 的最优值为 x_0；则指标 x_i 的处理值为：$\widetilde{x_i} = |x_i - x_0|/(x_{\max} - x_{\min})$。

对于成本型指标：取 1978—2013 年中数值最大者为 $x_{\max}$，最小者为 $x_{\min}$；则指标 x_i 的处理值为：$\widetilde{x_i} = (x_i - x_{\max})/(x_{\min} - x_{\max})$。经过对各指标观察值的预处理，得到规范化矩阵 $(\widetilde{x_{ij}})_{55 \times 5}$。

2. 子系统协调发展水平测度

(1) 模型设定及检验

为测得各子系统的协调发展水平，就需要在 FEEEP 系统协调发展水平特征的基础上构建与 PLS 通径模型相适应的隐变量及其对应的显变量组。从 FEEEP 协调发展水平特征可以看出，协调发展水平是有关各系统协调发展能力水平的一个隐性状态变量，是无法从各系统的指标中直接观察出来的，因此在 PLS 通径模型中就把这种无法观测的变量叫做隐变量，又由于每一个系统的协调发展水平均可以由一组指标体系来反映，而有关这组指标体系的数据是可以通过具体的现实状况观察得到的，因此在 PLS 通径模型中将这类指标体系叫做显变量组，因此结合表 4.1 区域 FEEEP 系统协调发展指标体系，可以构建区域 FEEEP 各子系统协调发展水平的隐变量及对应的显变量组，具体如表 4.2 所示。表 4.2 中 Z_i 表示第 i 子系统的协调发展水平，i 分别指食物、能源、经济、环境和人口系统，并且用 Z 代表 FEEEP 系统整体协调发展水平；Y_{ij} 表示第 i 子系统 j 维隐变量，其中 j 分别表示维度中的总量水平、结构水平和质量水平；各子系统协调发展水平及子系统各维度均可由一组显变量组来表示，每一个维度的显变量组均由表 4.1 中区域 FEEEP 系统协调发展指标体系构成，其中 S_i 表示食物子系统第 i 个指标，N_i 表示能源子系统第 i 个指标，J_i 表示食物子系统第 i 个指标，H_i 表示食物子系统第 i 个指标，R_i 表示食物子系统第 i 个指标。

表 4.2　区域 FEEEP 子系统协调发展水平隐变量及对应的显变量组

子系统隐变量	维度隐变量	显变量	子系统隐变量	维度隐变量	显变量
食物系统协调发展水平（Z_1）	食物总量水平（Y_{11}）	S_1, S_2, S_3	环境系统协调发展水平（Z_4）	环境总量水平 A（Y_{41}）	$H_1, H_2, H_3, H_4, H_5, H_6$
	食物结构水平（Y_{12}）	S_4, S_5		环境总量水平 B（Y_{42}）	H_7, H_8
	食物质量水平（Y_{13}）	S_6, S_7, S_8		环境结构水平（Y_{43}）	H_9, H_{10}, H_{11}
能源系统协调发展水平（Z_2）	能源总量水平（Y_{21}）	N_1, N_2, N_3		环境质量水平（Y_{44}）	H_{12}, H_{13}, H_{14}
	能源结构水平（Y_{22}）	N_4, N_5, N_6, N_7	人口系统协调发展水平（Z_5）	人口总量水平（Y_{51}）	R_1, R_2
	能源质量水平（Y_{23}）	N_8, N_9, N_{10}		人口结构水平（Y_{52}）	R_3, R_4, R_5
经济系统协调发展水平（Z_3）	经济总量水平（Y_{31}）	$J_1, J_2, J_3, J_4, J_5, J_6, J_7$		人口质量水平（Y_{53}）	R_6, R_7, R_8
	经济结构水平（Y_{32}）	J_8, J_9, J_{10}, J_{11}			
	经济质量水平（Y_{33}）	$J_{12}, J_{13}, J_{14}, J_{15}$			

由于 PLS 通径模型要求每个隐变量所对应的显变量组需要满足唯一维度，通常有主成份分析；科隆巴奇系数 α，可由式 4.9 计算得出；迪依高德期丹系数 ρ，可由式 4.12 计算出。本文采用主成份方法来对各显变量组进行唯一维度检验，当隐变量所对应的显变量组的第一主成份的特征值大于 1，同时其他主成份的特征值均小于 1 时，通常认为该组显变量满足唯一维度的要求，当显变量组不满足这个要求时，可通过删除指标或拆分的方式进行处理。从具体显变量的主成份特征值来看，除环境子系统的总量水平外其他子系统显变量组的特征值均大于 1。为此我们采用拆分的方法来进行处理环境子系统的总量水平，即将环境子系统的总量水平分为（A）和（B）两部分，各部分显变量见表 4.2。据此，可以得出表 4.3 的唯一维度检验值，由各显变量组特征值可以看出，除去环境总量水平以及能源结构水平以外，各显变量组的第一主成份特征值均大于 1，且第二主成份值均小于 1。但由于二者的第一主成分够解释的方差比例足够大，从而也可视为满足要求，因此由表 4.2 所构建的隐变量及对应的显变量组满足 PLS 通径模型唯一维度的要求。

表 4.3　显变量唯一维度检验

显变量组		第一主成份	第二主成份
食物子系统	食物总量水平	2.76889	0.14861
	食物结构水平	1.906225	0.093775
	食物质量水平	1.806134	0.92503
能源子系统	能源总量水平	2.970955	0.02827
	能源结构水平	1.899775	1.371096
	能源质量水平	1.328413	0.943672

续表

显变量组		第一主成份	第二主成份
经济子系统	经济总量水平	6.221121	0.727149
	经济结构水平	2.939168	0.747555
	经济质量水平	3.246691	0.747171
环境子系统	环境总量水平（A）	4.706162	1.55037
	环境总量水平（B）	2.343919	0.640259
	环境结构水平	2.61014	0.335099
	环境质量水平	1.987865	0.012135
人口子系统	人口总量水平	1.925834	0.798935
	人口结构水平	2.829939	0.164259
	人口质量水平	2.76889	0.14861

根据表4.2的隐变量及对应的显变量组和PLS通径模型构建要求，本文构建了FEEEP系统各子系统的PLS通径模型，具体如图4.3到4.7所示。从图中可以看出，显变量组与隐变量之间的关系即为外部测量模型，各子系统协调发展水平与维度变量发展水平之间的关系即为内部结构模型。

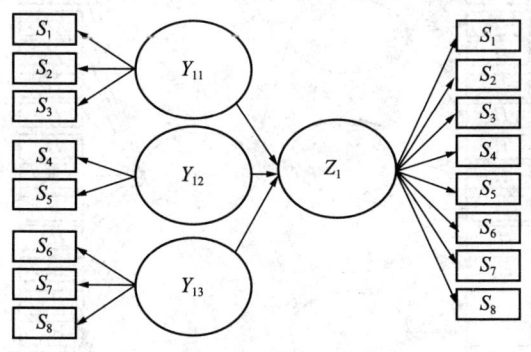

图4.3 食物子系统PLS通径模型

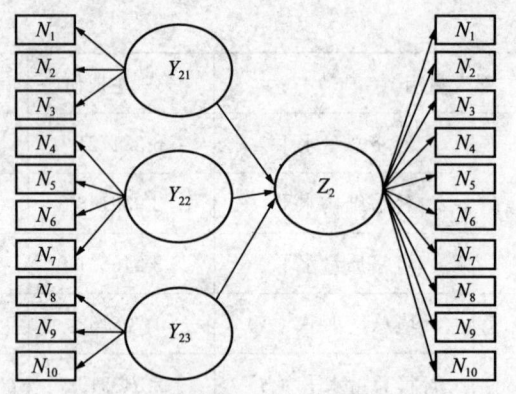

图 4.4 能源子系统 PLS 通径模型

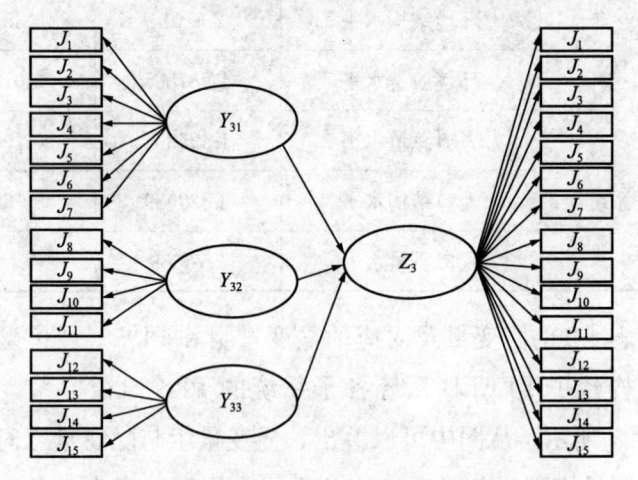

图 4.5 经济子系统 PLS 通径模型

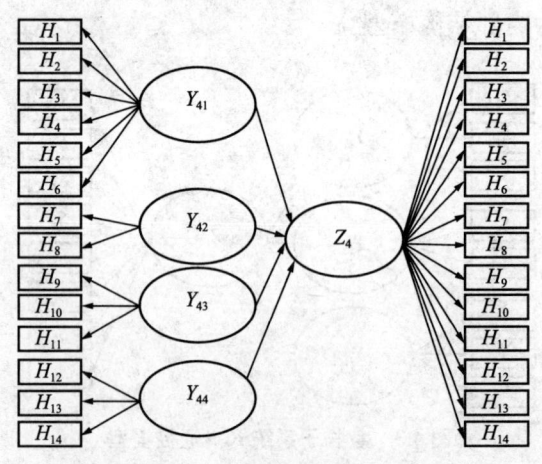

图 4.6 环境子系统 PLS 通径模型

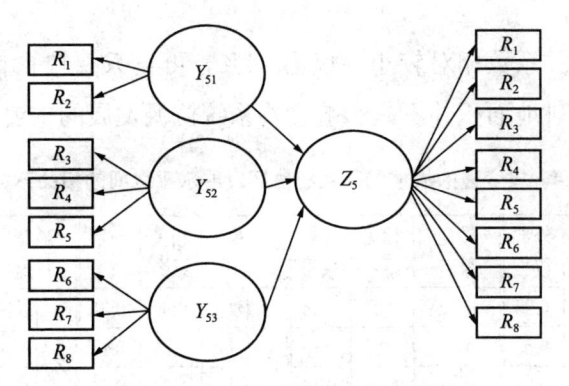

图 4.7　人口子系统 PLS 通径模型

（2）实证结果分析

基于上述各子系统 PLS 通径模型及各显变量的具体数据，本文选用 smartPLS 软件测度各子系统的协调发展水平值。具体测算的中国 1978 年到 2013 年 FEEEP 系统各子系统协调发展水平值及相关检验值，如表 4.4、图 4.8 及附表一所示。

表 4.4 是各隐变量与其相对应的显变量组的相关程度及相应的权系数。其中相关系数反映了显变量对隐变量组的概括程度，相关数越高说明隐变量所包含的显变量信息就越多，反之则越少；权系数是按式 4.16 计算出来的，反映了各显变量对隐变量具体的影响程度。在食物子系统中，食物子系统协调发展水平与粮食总产量（S_1）、农业机械总动力（S_2）、农作物总播种面积（S_3）、有效灌溉面积占农作物总播种面积的比重（S_5）、粮食亩产量（S_6）、人均粮食占有量（S_8）等六个显变量均存在正的相关性，且相关系数均在 90% 以上，说明食物子系统协调发展水平包含了这六个变量大部分信息，而且从外部权重来看这些显变量也对食物子系统协调发展水平存在正的影响。而粮食播种面积占农作物总播种面积的比重（S_4）却与食物子系统协调发展水平存在负的相关性，说明从实际来看该指标是制约食物子系统协调发展水平提高的主要因素，这是由于自改革开放以来中国粮食播种面积占农作物总播种面积的比重在整体上一直处于下降的。人均耕地面积（S_7）与食物子系统协调发展水平虽是正

相关，但相关系数相对较小，仅为 34%，可见只要粮食亩产量得到提高，人均耕地面积并不是影响食物系统协调发展的主要因素。

表 4.4 显变量的权重和子系统协调发展水平之间的相关系数表

显变量组		相关系数	外部权重	显变量组		相关系数	外部权重	显变量组		相关系数	外部权重	显变量组		相关系数	外部权重
Y_{11}	S_1	0.95	0.35	Z_1	S_1	0.97	0.16	Y_{33}	J_{12}	0.99	0.31	Z_3	J_{12}	1.00	0.09
	S_2	0.97	0.35		S_2	0.96	0.16		J_{13}	0.56	0.15		J_{13}	0.49	0.05
	S_3	0.96	0.34		S_3	0.92	0.16		J_{14}	0.99	0.31		J_{14}	0.99	0.09
Y_{12}	S_4	−0.97	−0.49		S_4	−0.88	−0.15		J_{15}	0.98	0.31		J_{15}	0.99	0.09
	S_5	0.98	0.54		S_5	0.96	0.16	Y_{41}	H_1	0.97	0.29		H_1	−0.94	−0.11
Y_{13}	S_6	0.93	0.57		S_6	0.94	0.16		H_2	0.06	0.00		H_2	0.00	0.00
	S_7	0.34	0.15		S_7	0.25	0.04		H_3	0.90	0.26		H_3	−0.87	−0.10
	S_8	0.90	0.46		S_8	0.75	0.13		H_4	0.75	0.23		H_4	−0.75	−0.08
Y_{21}	N_1	1.00	0.34		N_1	0.99	0.18	Y_{42}	H_5	−0.68	−0.22	Z_4	H_5	0.71	0.08
	N_2	1.00	0.34		N_2	0.99	0.18		H_6	0.75	0.22		H_6	0.72	0.08
	N_3	0.99	0.33		N_3	0.97	0.17		H_7	−0.91	−0.49		H_7	0.70	0.08
Y_{22}	N_4	0.72	0.46	Z_2	N_4	−0.71	−0.13		H_8	0.94	0.59		H_8	−0.84	−0.09
	N_5	0.87	0.59		N_5	−0.91	−0.16		H_9	0.96	0.41		H_9	0.95	0.11
	N_6	−0.34	−0.12		N_6	0.18	0.03	Y_{43}	H_{10}	0.71	0.31		H_{10}	0.72	0.08
	N_7	−0.52	−0.23		N_7	0.35	0.06		H_{11}	0.95	0.40		H_{11}	0.94	0.10
Y_{23}	N_8	0.75	0.56		N_8	0.68	0.12		H_{12}	0.91	0.36		H_{12}	0.86	0.10
	N_9	0.31	0.19		N_9	0.23	0.04	Y_{44}	H_{13}	0.98	0.38		H_{13}	0.91	0.10
	N_{10}	0.81	0.64		N_{10}	0.79	0.14		H_{14}	0.90	0.34		H_{14}	0.81	0.09
Y_{31}	J_1	0.99	0.16		J_1	0.99	0.09	Y_{51}	R_1	1.00	0.51		R_1	0.98	0.16
	J_2	1.00	0.16		J_2	0.96	0.09		R_2	1.00	0.50		R_2	0.97	0.16
	J_3	1.00	0.16		J_3	0.98	0.09		R_3	0.93	0.54		R_3	0.92	0.15
	J_4	1.00	0.16		J_4	0.96	0.09	Y_{52}	R_4	0.88	0.46		R_4	0.78	0.13
	J_5	1.00	0.16		J_5	0.98	0.09		R_5	−0.51	−0.19		R_5	−0.32	−0.05
	J_6	0.56	0.08	Z_3	J_6	0.47	0.04		R_6	0.99	0.35	Z_5	R_6	0.93	0.16
	J_7	0.97	0.16		J_7	0.98	0.09	Y_{53}	R_7	0.98	0.34		R_7	0.90	0.15
	J_8	0.98	0.36		J_8	0.72	0.07		R_8	−0.94	−0.34		R_8	−0.91	−0.15
Y_{32}	J_9	−0.51	−0.10		J_9	−0.21	−0.02								
	J_{10}	0.95	0.43		J_{10}	0.87	0.08								
	J_{11}	−0.88	−0.21		J_{11}	−0.42	−0.04								

在与能源子系统协调发展水平相关的十个显变量中,石油进口依存度(N_6)和能源平衡度(N_7)两个显变量与能源子系统协调发展水平的相关性为负,这是由于石油进口依存度是一个中间性指标,但中国石油进口依存度与最佳比例的差额却是一个随着时间的推移而扩大,因此该指标也会使能源子系统协调发展水平下降。其他七个指标均与能源子系统协调发展水平呈正向相关关系,其中能源消费总量(N_1)、能源生产总量(N_2),国有经济能源工业固定资产投资额(N_3)、煤炭消费比例(N_4)、油气产量比例(N_5)四个指标与能源子系统协调发展水平相关水平相对较高,说明能源子系统协调发展水平包含有这四个指标大部分的信息,也是促进能源系统协调发展的主要因素,在总体上反映了能源子系统协调发展水平的方向,而能源消费弹性系数(N_9)与能源子系统协调发展水平相关水平相对较低,说明这两个指标并没有对能源子系统协调发展水平产生较大的影响。

在经济子系统中只有工业占 GDP 比重(J_9)和工业企业总资产贡献率(J_{11})两个指标与经济子系统协调发展水平的相关性为负,从本质上来看这两个指标的增长是促进经济子系统协调发展水平的主要因素,但由于这两个指标在考察期内均有不同程度的下降,因此就导致了相应的相关系数出现了负值;其他九个指标均与经济子系统协调发展水平成正向相关性,且相关系数均在 90% 以上,可见经济子系统协调发展水平这一隐变量包含了显变量的大部分信息,综合反映了经济系统的协调发展情况。

在环境子系统中,工业粉尘排放总量(H_5)和工业废水排放总量(H_7)与环境子系统协调发展水平呈负相关性,从相关系统的绝对值来看均在 65% 以上,说明这两个指标是阻碍环境子系统协调发展的主要因素,其原因是因为自改革开放以来,中国的工业粉尘排放总量和工业固废水排放总量均逐年递增,而且递增的幅度相对较大,但从两个指标特性来看,这两个个指标均属于逆向指标,也就是说这两个指标越大则系统的协调发展能力就越差,因此这两个指标就导致了环境子系统协调发展水平的下降;其他指标均与环境子系统协调发展水平呈现正的相关性,其中工业固体废物(H_2)的相关系数很小因此其影响力很小,而余下的指标与环境子系统协调发展水平的相关性均较大,最小的也超过70%,其他的均在90%左右,可见环境系统协调发展这一隐变量包含了这些指标的绝大部分信息,同时这些指标也是影响环境子系统协调发展的主要因素。

对于人口子系统来说,男女比例(R_5)与自然增长率(R_8)这两个指标与人口协调发展水平呈负相关性,其中自然增长率的负相关性接近-1,因此人口的过快增长严重影响了人口协调发展。此外,由于男女比例失衡带来的问题也同样十分严重。同时其指标的相关系数的绝对值相对较大,其他各指标的相关系数值也均较大,说明人口子系统协调发展水平这一隐变量包含了各显变量的大量信息,可以从整体上反映人口系统的协调发展能力及水平。

从各子系统内部结构关系模型来看,可以得出各子系统协调发展水平和相应维度发展水平之间的关系式,具体如式4.18到4.22所示。各子系统维度隐变量在很大程度上解释了子系统的协调发展水平这一隐变量,而维度隐变量又是相应的显变量组所反映,可见各子系统协调发展水平可以最大程度代表原始变量的信息。

$$Z_1 = 0.46Y_{11} + 0.3Y_{12} + 0.28Y_{13} \qquad (4.18)$$

$$Z_2 = 0.53Y_{21} - 0.28Y_{22} + 0.22Y_{23} \qquad (4.19)$$

$$Z_3 = 0.57Y_{31} + 0.19Y_{32} + 0.3Y_{33} \qquad (4.20)$$

$$Z_4 = -0.36Y_{41} - 0.16Y_{42} + 0.25Y_{43} + 0.27Y_{44} \qquad (4.21)$$

$$Z_5 = 0.33Y_{51} + 0.29Y_{52} + 0.45Y_{53} \qquad (4.22)$$

从上述各具体公式的回归系数来看,能源子系统和环境子系统总量发展水平对相应子系统协调发展水平的回归系数为负,说明在整体上能源总量水平和环境总量水平对能源子系统和环境子系统协调发展水平存在负面的影响，这也解释了为什么在表4.4中能源子系统和环境子系统中会出现总量水平所对应的显变量与总量维度隐变量和相应子系统协调发展水平隐变量之间的相关系数有相反的符号。同时，从具体各维度隐变量的回归系数的绝对值来看，各子系统质量维度隐变量的回归系数均最小，除人口子系统外，其他子系统总量水平隐变量均最大，可见各子系统的发展并没有改变以粗放式发展为主的形式。

Z_1：食物系统协调发展水平　Z_2：能源系统协调发展水平
Z_3：经济系统协调发展水平　Z_4：环境系统协调发展水平
Z_5：人口系统协调发展水平

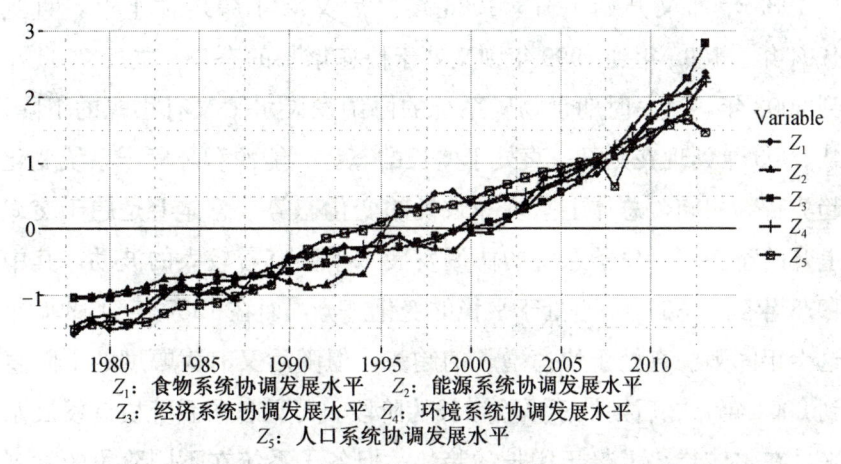

图 4.8　1978—2013 年 FEEEP 各子系统协调发展水平趋势图

图 4.8 是由附表一中各子系统协调发展水平值所得到的趋势图，由图可得出以下三个结论：

① 各子系统具体协调发展水平值有正有负但具体时期有着较大的差别，从图 4.8 可以看出，各子系统具体协调发展水平为负值均出现在考察期的早期，如：能源和经济子系统在 1995 年以前均为负数、食物子系统在 1995 年除 1993 年外也均为负数、环境子系统和人口子系统也分别在 1994 年和 1990 年前是负数。各子系统协调发展水平为负数说明系统的协调发展水平相对较差，但并不代表各子系统呈现倒退的发展态势，这是因为 PLS 通径模型要求所测度出的隐变量应满足均值为 0，方差为 1 的标准化的假设，因此本文所测度

的各子系统协调发展水平也是一个以 1978 年为考核基期的综合指数值。

② 从整体上来看，各子系统协调发展水平呈递增的态势，但具体的发展态势却存在着较大的差异。从图 4.8 可以看出，经济子系统协调发展水平增长态势较为平稳，具有逐年增加的态势，而食物子系统的协调发展水平则呈现波动增长的态势，在 1978 年到 1981 年之间基本维持在较低的水平。1981 年到 1984 年则有了较快的提高，但 1985 年却又开始下降，1986 年之后又有小幅度的上升，直到 1994 年。1995 年到 1999 年则又处于快速增长的态势。之后 2000 年到 2003 年，这一时期食物子系统的协调发展水平又有小幅的下降，从 2003 年到现在则又一直处于增长的态势。能源和环境子系统变化趋势较为相同，总体上呈现一致性的变化态势，总体上是趋于交织上升的态势。人口子系统的协调发展水平则有着较大的波动，其中 1978 年到 1986 年一直处于平稳的变化态势，而在 1987 年到 1996 年这十年间则一直处于快速增长的趋势，但随后又有大幅度的下降直到 2001 年，之后则处于平稳增长的阶段。可见各子系统协调发展水平虽在整体趋势上趋于增长的趋势，但各子系统在不同阶段的发展态势却有着较大的差异。

③ 从具体的影响因素来看，各子系统协调发展水平的变动是由各子系统主质参量变动所引起的，而主质参量则与国家政策有着密切的关系。

对于经济系统来说，由于自中国改革开放以来，中国政府就确定了以经济建设为中心的经济政策，使得中国经济无论是在经济总量上、质量上还是结构上均取得了很大程度的提高，从而保证了中国经济的快速稳定发展。而食物子系统协调发展水平之所以出现如此大的波动也是国家粮食政策作用的结果，在改革开放初期由于粮食长期短缺，人均粮食占有量也一直很低，因此中央针对粮食实施了提高粮食收购价格、调减统购任务及增加粮食进口三大政策，大力地促进了粮食的生产与流通，使得到 1984 年全国粮食总产量突破 4000 亿公斤，跃居世界第一，1985 年则是由于天气的原因使得粮食产量有所下滑，随后则在政策的引导下一路上涨，其中 1993 年国务院决定推出基于粮食风险基金的粮食收购保护价制度，并于 1994 年和 1996 年两次提高粮价，使粮食系统的总量及结构得到了极大的提高。2000 年之后，为了解决新的"过剩"问题，国家逐步取消粮食保护价政策，先是部分品种退出保护价，后来是部分地区进行市场化改革。此外，国家还鼓励调整种植结构和退耕还林，粮田面积也逐步减少，导致了粮食产量的下降，2003 年之后粮食处于恢复性增长阶段，国家无论在保护耕地方面还是在粮食的亩产量方面均取得了显著的成绩，使得粮食产品的总量与结构均有所改善与提高。由于能源是环境污染的直接引致因素，这也是两个子系统的协调发展水平之所以会在整体上保持了一致性的主要原因。同时由于可持续发展理念的提出及相关措施的实施，能源节约意识和环保意识也得到了进一步加强，从污染治理投资来看，1978 年仅为 18.23 亿元，2013 年为 3387.3 亿元，增长 186 倍，单位能源 GDP 能耗也由 1978 年的 15.68 吨标煤/万元下降到 1.03 吨标煤/万元，虽然工业三废排放依然严重，但工业废水排放达标率、工业固体废物综合利用率等指标也有大幅度地增长，这些都是影响能源环境子系统协调发展水平变动的主要因素；对于人口子系统来说，由于国家计划生育政策的实施使得中国人口的增长得到了有效地控制，但在 1978 年到 1986 年这一时期这一政策的实施效果并没有得到体现，因此整体人口子系统协调发展水平并没有很快提高，但之后十年的时间里，无论是人口整体的增长幅度还是人口结构均得到有效地控制和优化，整体发展水平大幅度地提高，但由于我国人口总数基数大，到 1996 年又迎来了新的生育高峰，因此在 1996 年到 2000 年这几年人口子系统的协调发展水平处于下降的态势，但之后随着大专以上人口比例增加、人口自然增长率的减少，人口子系统在总量和结构又进一步得到优化,使得人口子系统又进入一个稳态上升的阶段。

3. 区域 FEEEP 系统综合协调发展水平测度

(1) 模型设定

依据表 4.2 中的显变量和隐变量及 PLS 通径模型的具体要求,本部分构建了图 4.9 的 FEEEP 系统综合协调发展水平 PLS 通径模型。图 4.9 是省略了各维度隐变量显变量组的内部结构模型,其中模型中各隐变量与表 4.2 中的隐变量含义相同,各隐变量所对应的变量组也如图 4.3 至 4.7 所示,模型中 Z 指的是 FEEEP 系统综合协调发展水平这一隐变量。由表 4.3 显变量组的唯一维度检验可知隐变量 Z 所对应的各隐变量的显变量组均满足唯一维度的检验,可见图 4.9 所构建模型符合的 PLS 通径模型的要求。

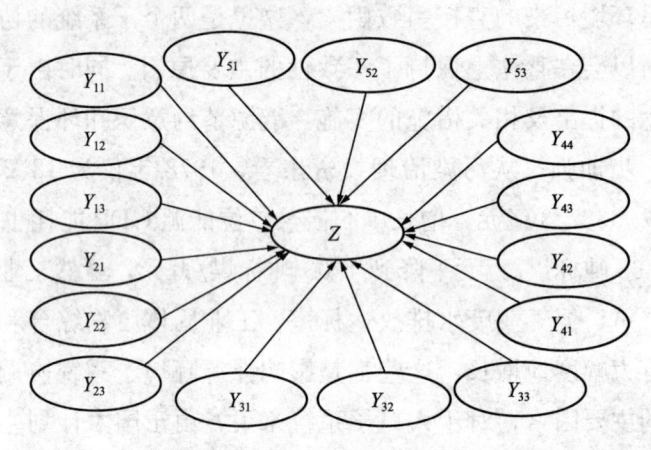

图 4.9 区域 FEEEP 系统综合协调发展水平 PLS 通径模型

(2) 实证结果分析

基于上述 FEEEP 系统综合协调发展水平及相应显变量的数据,应用 smartPLS 软件测算中国自改革开放以来各年 FEEEP 系统综合协调发展水平,相关的结果见表 4.5、表 4.6 及图 4.10 所示。

表 4.5　区域 FEEEP 系统综合协调发展水平（Z）与显变量的外部权重及相关系数表

显变量	相关系数	外部权重	显变量	相关系数	外部权重	显变量	相关系数	外部权重
S_1	0.92	0.0258	J_2	0.89	0.0249	H_6	0.70	0.0196
S_2	0.99	0.0278	J_3	0.94	0.0262	H_7	0.70	0.0185
S_3	0.92	0.0256	J_4	0.89	0.0249	H_8	0.66	−0.0237
S_4	−0.88	−0.0247	J_5	0.93	0.026	H_9	−0.85	0.0263
S_5	0.99	0.0275	J_6	0.39	0.0108	H_{10}	0.73	0.0205
S_6	0.88	0.0246	J_7	0.94	0.0263	H_{11}	0.93	0.0261
S_7	0.22	0.0061	J_8	0.83	0.0231	H_{12}	0.86	0.0241
S_8	0.68	0.019	J_9	−0.29	−0.0081	H_{13}	0.91	0.0255
N_1	0.98	0.0273	J_{10}	0.93	0.0259	H_{14}	0.78	0.0219
N_2	0.98	0.0273	J_{11}	−0.56	−0.0155	R_1	0.94	0.0261
N_3	0.95	0.0264	J_{12}	0.97	0.0272	R_2	0.89	0.0248
N_4	−0.73	−0.0203	J_{13}	0.57	0.016	R_3	0.82	0.0228
N_5	−0.88	−0.0247	J_{14}	0.96	0.0269	R_4	0.68	0.0189
N_6	0.01	0.0002	J_{15}	0.95	0.0266	R_5	−0.24	−0.0066
N_7	0.16	0.0044	H_1	−0.95	−0.0264	R_6	0.99	0.0277
N_8	0.81	0.0227	H_2	0.03	0.0009	R_7	0.98	0.0274
N_9	0.16	0.0045	H_3	−0.87	−0.0243	R_8	−0.89	−0.025
N_{10}	0.69	0.0193	H_4	−0.76	−0.0213			
J_1	0.95	0.0265	H_5	0.70	0.0196			

　　表 4.5 是外部模型的测度结果，显示了 FEEEP 系统综合协调发展水平（Z）与显变量的外部权重及相关系数。从具体的相关系数值和外部权重值来看，在所选取的 55 个显变量中，一共有八个显变量与 FEEEP 系统综合协调发展水平这一隐变量相关系数的绝对值相对较小，其余 47 个显变量与中国 FEEEP 系统综合协调发展水平相关系数绝对值均较大。相关系数绝对值相对较小的十个显变量主要是人均耕地面积（S_7）、人均粮食占有量（S_8）、能源平衡度（N_7）、

能源消费弹性系数（N_9）、能源加工转化效率（N_{10}）、工业占 GDP 比重（J_9）、工业粉尘排放量（H_5）等，这八个指标中有能源消费弹性系数（N_9）和工业占 GDP 比重（J_9）两个显变量与 FEEEP 系统协调发展水平存在负的相关性，这主要是因为这两个显变量在考察期内一直处于下降的趋势，其他指标则均是正的相关性，但相关系数不高，说明这些指标对 FEEEP 系统协调发展水平产生影响，但影响程度不高。在相关系统较大的 47 个显变量中，其中粮食播种面积占农作物总播种面积的比重（S_4）、能源消费总量（N_1）、油气产量比例（N_5）、石油进口依存度（N_6）、工业企业总资产贡献率（J_{11}）、工业废气排放总量（H_1）、工业固体废物生产量（H_2）、二氧化硫排放量（H_3）和人口总数（R_1）这九个显变量与中国 FEEEP 系统综合协调发展水平呈负的相关性，且相关系数的绝对值相对较大，最小的相关系数绝对值是石油进口依存度（N_6），为 65%，说明这九个指标是阻碍中国 FEEEP 系统整体协调发展的集中体现，反映了制约中国 FEEEP 系统整体协调发展的因素，其他指标均与中国 FEEEP 系统综合协调发展水平呈正的相关性，且相关系数较大，这与上述各子系统协调发展水平的相关系统有着较为一致的结论，说明隐变量 Z 概括了绝大多数显变量的信息，可以综合整体 FEEEP 系统的协调发展信息。

表 4.6　区域 FEEEP 系统综合协调发展水平（Z）与潜变量路径系数表及相关检验

潜变量	路径系数	$Pr > |t|$
Y_{11}	0.0776	0.000
Y_{12}	0.0521	0.000
Y_{13}	0.0443	0.000
Y_{21}	0.0806	0.000
Y_{22}	−0.0321	0.000
Y_{23}	0.0372	0.000

续表

潜变量	路径系数	$Pr>|t|$
Y_{31}	0.1483	0.000
Y_{32}	0.0575	0.000
Y_{33}	0.0892	0.000
Y_{41}	-0.0917	0.000
Y_{42}	-0.0389	0.000
Y_{43}	0.0662	0.000
Y_{44}	0.067	0.000
Y_{51}	0.0575	0.000
Y_{52}	0.0474	0.000
Y_{53}	0.0826	0.000

$$Z=0.17Z_1+0.15Z_2+0.28Z_3+0.25Z_4+0.18Z_5 \quad (4.23)$$

表 4.6 是 FEEEP 系统通径模型的内部测度模型的路径系数及相关检验表，由具体各路径系数相关检验值可以看出，由 PLS 模型所测算出来的各路径系数均通过显著性检验，说明所得到的内部结构模型可信度高，可靠性强，能反映出各维度隐变量对 FEEEP 系统综合协调发展水平这一隐变量的影响。从具体各维度隐变量对 FEEEP 系统综合协调发展水平隐变量的路径系数来看，有三个潜变量的系数为负值，负值最大的为环境子系统总量水平（A）Y_{41} 的回归系数，由于环境子系统总量水平（A）Y_{41} 是由工业废气排放总量（H_1）、工业固体废物生产量（H_2）、二氧化硫排放量（H_3）、烟尘排放总量（H_4），工业粉尘排放量（H_5）和环境污染治理投资总额（H_6）这六个显变量共同反映的，说明这六个显变量在整体上将对 FEEEP 系统的协调发展水平产生负面的影响，制约了 FEEEP 系统的整体协调发展能力；而从该隐变量各具体的显变量来看，由表 4.3 中外部权重可以得出，烟尘排放总量（H_4）、工业粉尘排放量（H_5）和环境污染治理投资总额（H_6）这三个显变量与 FEEEP 系统综合协调发

展水平（Z）的回归系数为正，说明这两个显变量对 FEEEP 系统综合协调发展水平（Z）产生正向的影响，促进了 FEEEP 系统的协调发展，这是因为从这三个指标性质来看，烟尘排放总量（H_4）、工业粉尘排放量（H_5）属于逆向指标，即这两个指标越大则 FEEEP 系统协调发展水平就会越差，而环境污染治理投资总额（H_6）则是正向指标，FEEEP 系统协调发展水平随着该指标的增大而增大，而在考察期内这烟尘排放总量（H_4）、工业粉尘排放量（H_5）在整体上是减小的，而环境污染治理投资总额（H_6）是一直有着大幅度的提高，因此就使得这三个显变量对 FEEEP 系统整体协调发展水平产生了正向的影响，而工业废气排放总量（H_1）、工业固体废物生产量（H_2）、二氧化硫排放量（H_3）则在考察期内一直是增加的，因此在整体上会降低 FEEEP 系统的整体协调发展水平。其他维度隐变量均与 FEEEP 系统的整体协调发展水平的回归系数均为正，其中影响最大的是经济子系统的总量水平，而质量维度影响均相对较小，可见从 FEEEP 系统整体协调发展水平来看，中国的 FEEEP 系统还是以总量发展为主的发展模式，因此加大结构优化力度促进质量水平的提高将有助于中国 FEEEP 系统的协调发展。

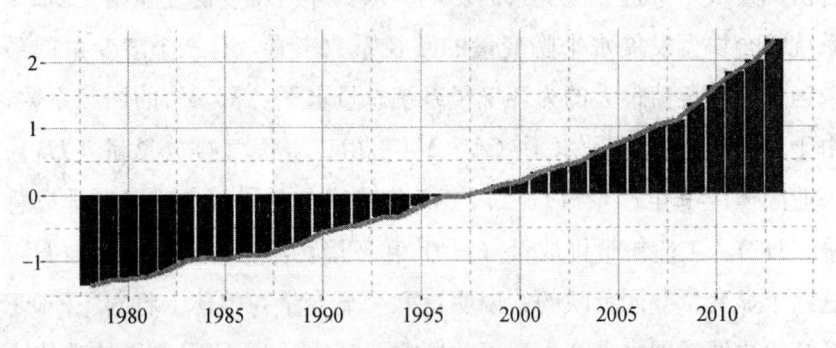

图 4.10　1978—2013 年中国 FEEEP 系统综合协调发展水平（Z）

图 4.10 是中国 1978—2013 年 FEEEP 系统综合协调发展水平（Z）趋势图，由图可以看出中国 FEEEP 系统综合协调发展水平自

改革开放以来具有逐年上升的态势，其中 1996 年是 FEEEP 系统综合协调发展水平的正负分界点，也即自 1996 年之后中国 FEEEP 系统均处于较高的协调发展水平。这是因为自上世纪八十年代可持续发展思想引入中国以来，我国各级政府提出了一系列的环境保护、能源节约等战略措施，并付诸实施，这为中国经济和社会的可持续发展奠定了坚实的基础，也是中国 FEEEP 系统整体协调发展水平得以提高的重要保证。式 4.23 反映了 FEEEP 系统各子系统对 FEEEP 系统整体协调发展水平的影响，由各回归系数的 P 值检验值可以看出式 4.23 满足显著性检验的要求，所得到的回归方程式能反映 FEEEP 各子系统的协调发展水平与整体协调发展水平值的关系。从具体各子系统的影响来看，FEEEP 各子系统对整体系统均产生正面的影响，说明各子系统协调发展水平的提高均有助于 FEEEP 系统整体协调发展水平的提高，其中环境子系统协调发展水平对 FEEEP 系统综合协调发展水平的回归系数最大，其次是经济子系统和食物子系统，能源子系统的回归系数最小，说明环境子系统和经济子系统的协调发展是促进 FEEEP 系统整体协调发展的最主要的关键性子系统，又由于环境子系统总量维度是环境子系统协调发展的制约性因素、在经济子系统中总量维度是促进经济发展的主要因素。能源子系统的协调发展水平之所以对 FEEEP 系统综合协调发展水平影响最小，这是由于能源是环境污染总量排放的直接因素，因此能源子系统对 FEEEP 系统整体协调发展水平的影响部分是通过环境子系统作用于 FEEEP 系统的。因此实行节能战略、控制环境污染总量的排放、提高经济发展总量将是促进 FEEEP 系统整体协调发展的重要保障。

三、FEEEP 系统协调度测度

区域 FEEEP 系统协调度的测度也是区域 FEEEP 系统协调发展

量化的一个重要方面,反映了区域 FEEEP 系统在运行过程中,各子系统、各组成部分、各元素之间协调动作、互相配合调整、保持比例发展的程度,体现了共生系统内部各子系统相互之间及 FEEEP 系统整体的耦合程度。因此,测度区域 FEEEP 系统协调度不但有助于人们了解区域 FEEEP 系统的潜在协调发展能力,而且有助于发掘制约系统协调发展的主要因素,是解决区域 FEEEP 问题的前提。

本章主要内容:概述了可持续复合系统协调度测度方法;在协调度内涵的基础上分析了协调度类型,并构建了区域 FEEEP 系统协调度测度模型;以第三章所测度的协调发展水平和本章所构建的协调度测度模型为基础实证测度改革开放以来中国 FEEEP 系统各子系统内部及系统之间的协调度。

(一)协调度测度方法

本部分首先对进行协调度测度的模型进行了综述,而后在这些协调发展理论的指导下构建了 FEEEP 系统的测度模型。主要有各子系统之间的协调度测度模型和系统内部协调度测度模型。

1. 协调度模型综述

自可持续发展理论提出以来,学者们就可持续复合系统协调度的测度问题展开了一系列的研究,并取得了许多理论和实践意义的结论。从现有的研究文献来看,依据协调度测度模型的设计原理,从具体的协调度测度方法来看主要有以下六种:

(1)功效函数协调度

功效函数协调度是以协同学的序参量原理和役使原理为基础,以可持续发展理论为指导而构建的一种可持续复合系统的协调度测度模型。协同学认为系统走向有序的机理不在于系统现状的平衡与否,也不在于系统距离平衡态的远近,而是取决于系统内部各子系统间相互关联的协调作用。假设变量 $x_j = (x_{j1}, x_{j2}, \cdots, x_{jn})$,$j = $

$1,2,\cdots,m$ 是可持续复合系统 j 子系统的序参量,α_{ij},β_{ij} 是 j 子系统第 i 个序参量稳定临界点上的上下限值。由协同论可知,假设 x_{j1},x_{j2},$\cdots$,x_{jp} 系统的慢变量在系统稳定状态时也有量的变化,这种量的变化对系统有序度有两种功效:一种是正的功效,即慢变量的增大,系统有序度趋势增大;另一种是负功效,即慢变量增大,系统有序度趋势减少。变量 x_j 的取值越大,系统的有序程度就越大,其取值越小系统的有序程度就越低;余下的序参量则取值越大,系统的有序程度越低,取值越小系统的有序程度就越高,因此可以构建可持续复合系统 j 子系统各序变量对各子系统的有序如下:

$$U_j(x_{ji}) = \begin{cases} \dfrac{x_{ji}-\beta_{ji}}{\alpha_{ji}-\beta_{ji}}, & i \in [1, l] \\ \dfrac{\beta_{ji}-X_{ji}}{\alpha_{ji}-\beta_{ji}}, & i \in [l+1, n] \end{cases}$$

式中 $U(x_{ji}) \in [0,1]$ 其值越大则 e_{ji} 对系统有序的贡献就越大。对于在实际系统中属于居中性的参变量值可以通过调整其取值区间 $[\beta_{ji}, \alpha_{ji}]$ 使其有序度满足上式的要求。

从 j 子系统的整体有序度来看,可以通过 j 子系统各序参量对系统有序程度总贡献的集成来实现。一般而言,系统的总体性从不仅取决于各序参量数值的大小,而且还更重要的是取决于参变量之间的组合形式,通常采用几何平均法,也可以线性加权法来进行集成,具体如下:

$$U_j(x_j) = \sqrt[n]{\prod_{i=1}^{n} u_j(x_{ji})}$$

式中 $u_j(x_j) = \sum_{i=1}^{n}\lambda_{ji}u_j(x_{ji})$,$\lambda_{ji} \geqslant 0$,$\sum_{i=1}^{n}\lambda_{ji}=1$,$\lambda_{ji}$ 是 j 子系统中各序参量权重,可以由层次分析法、专家调查法等相应权重确定方法来确定。对于 m 个子系统的复合系统来说,可以由下式来测算复合系统的协调度:

$$D=\theta\sqrt[k]{\left|\prod_{j=1}^{k}[U_j^1(x_j)-U_j^0(x_j)]\right|}$$

式中：$U_j^0(e_j) U_j^1(e_j)$ 别为 t_0 时刻和 t_1 时刻的 j 子系统有序度，D 为 t_1 时刻具有 m 个子系统的复合系统的协调度，$\theta=\min_j[U_j^1(e_j)-U_j^0(e_j)\neq 0]/|\min_j[U_j^1(e_j)-U_j^0(e_j)\neq 0]|$ $j=1, 2, \cdots, m$。

(2) 变异系数协调度

变异系数法主要是利用数理统计中的变异系数和协调系数的概念和性质来求得系统间的协调度。假设 x_1 和 x_2 为两个系统的协调发展水平向量，当 $x_1=x_2$ 时这两系统的协调度是 1，即两系统之间达到最佳协调程度。当 $x_1\neq x_2$ 时，可以由这两个系统协调发展水平的变异系数来计算系统间的协调度。令两个系统的协调发展水平 x_1 和 x_2 组成一个样本 x，当所的考察样本变异系数 V 最小时，该样本的变异程度最小，即样本变量 x_1 和 x_2 的值最为接近，其协调度也相对较大。即：

$$V=\frac{s}{\bar{x}}, \quad \bar{x}=\frac{x_1+x_2}{2}, \quad s=\sqrt{(x_1-\bar{x})^2+(x_2-\bar{x})^2}$$

$$V=2\sqrt{1-\frac{x_1 x_2}{\left(\frac{x_1+x_2}{2}\right)^2}}$$

从上面可知，如果要使 V 最小，则必须使 $\frac{x_1 x_2}{(x_1+x_2/2)^2}$ 最大，因此系统间的协调度为：

$$D=\left\{\frac{x_1 x_2}{(x_1+x_2)^2/4}\right\}^k$$

上式测度的是两个子系统之间的协调度，对于具有 j 个系统的复合系统之间的协调度可以由下式来进行测度：

$$D=\left\{\frac{x_1 x_2 \cdots x_j}{(x_1+x_2+\cdots x_j)^2/j^2}\right\}^k$$

由上式可见 $0 \leqslant D_j \leqslant 1$，因此 D_j 值越大表明系统发展越协调；D_j 值越小则这个系统就越不协调。

(3) 相对距离协调度

距离协调度的特点是以系统之间相对距离的大小来判断系统之间是否协调。主要采用相对 Hamning 距离来计算系统之间的协调度。即依据模糊数学中贴近度的概念来测算系统之间的协调度。其测度步聚如下：

首先，应用静态的层次分析法计算可持续发展度。根据所构建的指标体系构造判断矩阵，利用和积或幂法求得最大特征值及其对应的特征向量，将该向量作规一化处理后作为各指标的权重，把各评价指标的实际值按项目类别进行规格化处理，得到评价指标的相对标准值，将其值与相应的权值相乘，即可得可持续发展度；其次，运用数理统计的方法对可持续发展进行动态评价。设有 j 个系统，每个系统的协调发展水平值为 x_j，则可建立相应的可持续发展模型。假设有 n 个系统，则这 n 个系统协调发展水平之间的关系可表示为回归方程：$x_i = b_0 + \sum_{j \neq 1}^{n} b_j x_j$，这样就能够得到各系统的协调变化规律；再次应用模糊数学中贴近度的概念计算系统之间的协调度。即：

$$\omega(c_1, c_2) = 1 - b\left[\delta(c_1, c_2)\right]^a$$

其中 $\delta(c_1, c_2) = \frac{1}{n}d(c_1, c_2) = \frac{1}{n}\sum_{i=1}^{n}|u_{c2}(x_i) - u_{c1}(x_i)|$，$c_1$，$c_2$ 是论域 U 上的两个模糊子集，$\omega(c_1, c_2)$ 为论域 U 上的两个模糊子集 c_1 和 c_2 的协调系数，n 是论域中元素的个数，b 和 a 是两个适当选取的参数。

(4) 综合变化协调度

综合变化协调度的特征是以各系统间协调发展水平的相对变化程度来测度系统间的协调度。假设有 n 个系统，第 i 个系统的协调

发展水平为 x_i，$i=1, 2, \cdots, n$，这 n 个系统的整体协调发展水平为 X，各子系统的协调度为：

$$D_i = \begin{cases} \exp\left(\dfrac{\mathrm{d}X_i}{\mathrm{d}t} - \dfrac{\mathrm{d}X}{\mathrm{d}t}\right) & \dfrac{\mathrm{d}X_i}{\mathrm{d}t} < \dfrac{\mathrm{d}X}{\mathrm{d}t} \\ 1 & \\ \exp\left(\dfrac{\mathrm{d}X}{\mathrm{d}t} - \dfrac{\mathrm{d}X_i}{\mathrm{d}t}\right) & \dfrac{\mathrm{d}X_i}{\mathrm{d}t} > \dfrac{\mathrm{d}X}{\mathrm{d}t} \end{cases}$$

对于这 n 个系统的其整体协调度为：

$$D = \sqrt[n]{\prod_{i=1}^{n} D_i}$$

其中 $\dfrac{\mathrm{d}X_i}{\mathrm{d}t}$ 为第 i 个系统的协调发展水平为 Z_i 随时间的变化率，$\dfrac{\mathrm{d}X}{\mathrm{d}t}$ 为 n 个复合系统随时间的变化率。

(5) 隶属函数协调度

由于在概念上协调是一个内涵明确而外延不确切的模糊概念，因此，在实际评价一个系统的协调状况时，仅以协调或不协调来确定系统的协调发展程度将不可避免地存在着认识上的缺陷，因为更多系统的协调状况都是处于这两者之间的，因此需要构建一个表示在某一数值下系统隶属于模糊集的协调程度公式，如下：

$$C(i/j) = \exp[-k\,(x_i - x_j)^2]$$

式中，$C(i/j)$ 为第 i 系统对第 j 系统的协调发展系数，x_i 为第 i 系统协调发展水平的实际值，x_j 为与第 j 系统实际值 x_j 相协调的第 ij 系统协调发展水平值。由式 4.12 可以看出，当实际值越接近协调值时，协调系数 w 就越大，其协调程度也就越高，反之则越低。由于上述 $C(i/j)$ 描述的是一个系统对另一个系统的协调程度，不能反映了两个系统之间的协调程度，因此需要构建新系统间的协调度公式，其具体公式如下：

$$D(i, j) = \frac{\min\{C(i/j), C(j/i)\}}{\max\{C(i/j), C(j/i)\}}$$

同理，对于三个系统间的协调度的计算公式为：

$$D(i,j,k) = \frac{C(i/j,k)C(j,k) + C(j/i,k)C(i,k) + C(k/i,j)C(i,j)}{C(j,k) + C(i,k) + C(i,j)}$$

依此类推可以写出 n 个系统之间的协调度。

(6) 灰色关联协调度

灰色关联协调度是以灰色关联度为基础而构建的系统与系统之间的协调度。假设有 M 个子系统，每个子系统中有 N 个原始时间序列样本，分别为 $X_j^{(0)}(i)$，$i=1, 2, \cdots, N$，$j=1, 2, \cdots, M$。则灰色关联协调度的计算步骤如下：首先，计算序列的累加值 $X_j(i)$ 并将序列标准化。其中：

$$X_j(1) = X_k^{(0)}(1), \quad X_j(i) = X_j(i-1) + X_k^{(0)}(i)$$

$$x_j = \frac{X_j(i)}{\overline{x_j}}, \quad \overline{x_j} = \frac{1}{N}\sum_{i=1}^{N} X_j(i)$$

其次，取 x_k 的起始点为参考点，移动 $x_j (j \neq k)$，使得序列 x_j' 与 x_k 交于点 $(1, x_k(1))$，计算二者之间的绝对差：

$$\Delta_{jk}(i) = |x_j(i) - x_k'(i)|$$

再次计算二者的协调系数：

$$\varepsilon_{jk}(i) = \frac{\Delta_j(\min) + \sigma}{\Delta_{jk}(i) + \sigma}, \quad 令 \sigma = 0.5\underset{j}{\Delta}(\max)$$

最后计算二者的协调度：

$$D_{jk} = \frac{1}{N}\sum_{i=1}^{N} \varepsilon_{jk}(i)$$

从与协调内涵的拟合程度来看，其中功效函数协调度与综合变化协调度均较高，这是由于功效函数协调度的优点在于能有效地利用各序参数的信息，在整体上测度出系统的协度，并能反映各系统中序参数的综合效应，相对来说能从内涵上反映系统的综合协调度；但其缺点也很明显，首先是由该方法所确定的协调度受各系统中序参量上下限值的影响较大，容易出现偏差，其次是不能反映出各子系统之间的协调耦合程度，只能将系统视为一个整体来进行判断。综合变化协调度在一定程度体现了协调发展的内涵，即系统之间各要素按比例地和谐发展，同时也考虑了系统的协调度随时间的变化程度，因此在本质上是与协调发展内涵最为接近的一个测度方法，但在实际应用中，该方法存在一个较大的缺陷，即如果在考察对象在基期就不协调、其协调发展水平不相等，则即使两个系统是按同比例增长，则最终两系统也是不协调的。

表 4.7 各种协调度测度方法的特点

协调度	理论基础	研究对象	权数处理	动态性	与协调内涵的拟合程度
功效函数协调度	协同学	整体系统	需要	静态	较高
变异系数协调度	数理统计学	多元系统	不需要	静态	较低
相对距离协调度	模糊数学	二元系统	不需要	静态	中等
综合变化协调度	协调发展理论	多元系统	不需要	动态	较高
隶属函数协调度	模糊数学	多元系统	不需要	静态	中等
灰色关联协调度	灰色理论	二元系统	不需要	动态	中等

变异系数协调度的特点是能从静态的角度测度系统之间的协调程度，但不能反映系统之间协调程度的动态变化趋势，也不能测度出系统内部的协调程度，因此与协调的拟合程度较差。距离协调度和隶属函数协调度均是以模糊数学为理论指导的，其中距离协调度的关键是求出各子系统协调发展水平之间的关系式，并依据每一个关系式求出对应系统的协调发展水平作为模糊数来进行处理，再运

用贴近度的概念求出针对同一系统所求出的各协调发展水平的差距。其缺点是不能测度出系统内部的协调度；而隶属函数协调度是以系统之间协调模型为基础、以系统协调发展水平值的实际与理论值的偏差来构建的一种协调度测度方法，其最大特点能系统地测度了系统内部及系统之间的协调度，其缺点是隶属函数协调度的种偏差只是系统发展水平在量上的偏差，没能体现系统的协调发展水平随时间变化程度对协调度的影响，因此这两种方法所测度出的协调度与协调的内涵拟合程度也属于中等。灰色关联协调度的特点是以系统之间的灰色关联度为基础来测度系统之间的协调度，考虑了时间因素所带来的影响，能动态反映系统之间的协调程度，缺点是也不能测度系统内部的协调度。

除上述六种方法以外还有一些不常用的协调度定量测度方法。如李祚泳、赵永梅等应用集对分析中联系度同异反态势排序法构建了基于社会、经济和生态环境的协调发展度评价模型；张效莉等构建了基于逼近理论解排序决策方法的协调度测度方法；李崇明等在系统科学理论方法的基础上得到了资源环境与社会经济系统的非线性演化方程，并构建了基于反正切夹角的协调度测度模型等，这些方法虽然使用不多，但在一定程度上是对现有复合系统由上述各种测度方法的概述可以看出，各种方法均是从不同的角度，有其不同的理论基础及适用范围。表 4.7 中分别从理论基础、研究对象、权数的处理、动态性及与协调内涵的拟合程度综合分析了各种方法的特点。协调度测度方法的补充和进一步拓展。复合系统发展协调与否的定性判断方法则主要有区间值判断法和坐标系法，其中区间值法是以各系统的协调发展综合水平为基础，通过所建立的协调发展数学模型来确定相应系统的协调发展区间，并通过判断系统协调发展状况指标是否落入所构建的协调发展区间来判断系统是否协调，若落入区间则说明系统是协调的，反之则是不协调的；坐标系法是通过两两子系统的比较建立坐标系，当两系统相互作用很弱或相互作用较强且任何一方的发展都会促进另一方向良性发展时，则这两个系统是协调发展的，分别叫做弱相互作用型复合系统和强相互作用型复合系统，缺点是不能针对多个指标进行综合评判，而且对使用的判断指标要求也特别严格。

2. 区域FEEEP系统协调度测度模型

从上面有关协调度测度方法的分析可以看出，在本质上，每一种测度方法均是从不同的角度对复合系统协调度内涵的诠释，但从实际应用来看，由上述各种方法所测度出来的协调度与实际系统协调的拟合程度均存在一定的差异。因此，本节在复合系统协调发展理论的指导下构建了FEEEP系统的测度模型。主要有各子系统之间的协调度测度模型和系统内部协调度测度模型。

(1) 区域FEEEP系统子系统间协调度测度模型

协调度在本质上不但包含子系统之间的静态协调程度，而且还包含各子系统相互之间随时间所发生变化的动态耦合程度。在静态水平上表现为子系统基期协调发展水平之间的差异；在动态水平上，表现为报告期子系统协调发展水平随时间变化率的差异。因此，只有当各子系统基期协调发展水平和报告期协调发展水平随时间的变化趋势均相等时，子系统之间的协调程度才会达到最优。根据上面对协调度内涵的界定，对于两个系统，假设$(Z_i)_{t-1}$和$(Z_j)_{t-1}$分别表示其期$t-1$时刻i系统和j系统的协调发展水平；$\frac{(dZ_i)_t}{dt}$和$\frac{(dZ_j)_t}{dt}$表示报告期t时刻i系统和j系统协调发展水平随时间的变化率。从两个系统协调发展水平及其随时间的变化率之间的关系来看，可以得出两系统协调度主要有以下九种类型：

类型1：$(Z_i)_{t-1} > (Z_j)_{t-1}$ 且 $\frac{(dZ_i)_t}{dt} > \frac{(dZ_j)_t}{dt}$；

类型2：$(Z_i)_{t-1} < (Z_j)_{t-1}$ 且 $\frac{(dZ_i)_t}{dt} < \frac{(dZ_j)_t}{dt}$；

类型 1 和类型 2 表明两系统不论是基期的协调发展水平还是报告期协调发展水平变化率的差距均进一步加大。说明这两种类型的两个系统之间相互耦合程度会进一步恶化，系统间的协调度也会进一步变差。

类型 3：$(Z_i)_{t-1} > (Z_j)_{t-1}$ 且 $\dfrac{(\mathrm{d}Z_i)_t}{\mathrm{d}t} = \dfrac{(\mathrm{d}Z_j)_t}{\mathrm{d}t}$；

类型 4：$(Z_i)_{t-1} < (Z_j)_{t-1}$ 且 $\dfrac{(\mathrm{d}Z_i)_t}{\mathrm{d}t} = \dfrac{(\mathrm{d}Z_j)_t}{\mathrm{d}t}$；

类型 3 和类型 4 表明两系统之间的协调程度主要是受系统基期协调发展水平影响的，两系统基期协调发展水平差距越大两系统之间的协调度越小。

类型 5：$(Z_i)_{t-1} = (Z_j)_{t-1}$ 且 $\dfrac{(\mathrm{d}Z_i)_t}{\mathrm{d}t} > \dfrac{(\mathrm{d}Z_j)_t}{\mathrm{d}t}$；

类型 6：$(Z_i)_{t-1} = (Z_j)_{t-1}$ 且 $\dfrac{(\mathrm{d}Z_i)_t}{\mathrm{d}t} < \dfrac{(\mathrm{d}Z_j)_t}{\mathrm{d}t}$；

类型 5 和类型 6 表明两系统之间的协调程度主要是受系统报告期协调发展水平变化率影响的，两系统基期协调发展水平变化率差距越大两系统之间的协调度越小。

类型 7：$(Z_i)_{t-1} = (Z_j)_{t-1}$ 且 $\dfrac{(\mathrm{d}Z_i)_t}{\mathrm{d}t} = \dfrac{(\mathrm{d}Z_j)_t}{\mathrm{d}t}$；

类型 7 表明两系统之间协调度达到最优，其值为 1。

类型 8：$(Z_i)_{t-1} > (Z_j)_{t-1}$ 且 $\dfrac{(\mathrm{d}Z_i)_t}{\mathrm{d}t} < \dfrac{(\mathrm{d}Z_j)_t}{\mathrm{d}t}$；

类型 9：$(Z_i)_{t-1} < (Z_j)_{t-1}$ 且 $\dfrac{(\mathrm{d}Z_i)_t}{\mathrm{d}t} > \dfrac{(\mathrm{d}Z_j)_t}{\mathrm{d}t}$；

类型 8 和类型 9 是两类比较特殊的类型，即两个系统基期的协调发展水平和报告期协调发展水平变化率存在反向变化的过程。从实践来看，当两系统基期协调发展水平不同，且协调发展水平较低的系统以一定的大于协调发展水平高的系统发展速度运行时，两系统协调程度会有一个提高的过程。

根据上面的结论，可以得出以下两个结论：

① 当两个系统的协调度呈现类型 1 至类型 7 情形时，系统间协调度测度模型为：

$$D(i,j)_t = e^{-[|(Z_i)_{t-1}-(Z_j)_{t-1}|+|\frac{(dZ_i)_t}{dt}-\frac{(dZ_j)_t}{dt}|]} \quad (4.24)$$

其中 $D(i,j)_t$ 即为报告期 t 时刻 i 系统与 j 系统之间的协调度，$(Z_i)_{t-1}$ 和 $(Z_j)_{t-1}$ 分别表示其期 $t-1$ 时刻 i 系统和 j 系统的协调发展水平；$\frac{(dZ_i)_t}{dt}$ 和 $\frac{(dZ_j)_t}{dt}$ 表示 t 时刻 i 系统和 j 系统协调发展水平随时间的变化率。

② 当两个系统的协调度为类型 8 和类型 9 情形时，基期协调发展水平较低的系统将有一个较高变化率，但此时变化率将有一个最高变化率的限制。此时，这两种类型的系统间协调度测度模型为：

$$D(i,j)_t = e^{-[|(Z_i)_{t-1}-(Z_j)_{t-1}|+|\frac{(dZ_l)_t}{dt}-\frac{(dZ_{max})_t}{dt}|]} \quad (4.25)$$

其中，$\frac{(dZ_l)_t}{dt}$ 为协调发展水平较低的系统的协调发展水平变化率，若 $(Z_i)_{t-1} > (Z_j)_{t-1}$，则 $\frac{(dZ_l)_t}{dt} = \frac{(dZ_j)_t}{dt}$，$\frac{(dZ)_{max}}{dt} = \frac{(Z_i)_t - (Z_j)_{t-1}}{dt}$；若 $(Z_i)_{t-1} < (Z_j)_{t-1}$，则 $\frac{(dZ_l)_t}{dt} = \frac{(dZ_i)_t}{dt}$，$\frac{(dZ_t)_{max}}{dt} = \frac{(Z_j)_t - (Z_i)_{t-1}}{dt}$。

对于 n 个子系统之间的协调度，可以用两两系统之间协调度几何平均值来表示，如下式所示：

$$(D_n)_t = (\prod_{i,j}^{n} D(i,j))^{\frac{1}{C_n^2}} \quad (4.26)$$

对于 FEEEP 系统，n 则表示为食物、能源、经济、环境和人口五个系统中子系统的个数，i 和 j 分别为所选取系统中的具体子系统。

(2) 区域 FEEEP 系统各子系统内部协调度测度模型

系统内部协调度指的是系统内部共生单元之间相互之间的协调耦合程度。从上述协调度的内涵来看，其大小取决于基期系统各组成部分即各共生单元的发展水平与系统整体协调发展水平的差异及报告期发展水平随时间的变化趋势的差异。假设 $(Y_{ij})_t$ 为 t 时期 i 系统第 j 个共生单元的综合发展水平值，$(Z_i)_t$ 为 i 系统综合协调发展水平，在本文中 i 为 FEEEP 系统中的子系统之一，j 为子系统中总量、结构和质量三种水平之一。可见，系统内部第 j 个共生单元与 i 系统的协调度也会有上述所描述的九种类型。

因此，由上述的分析也可以得出以下两个结论：

① 当两者为类型 1 至类型 7 情形时，其协调度测度模型为：

$$(D_{ij})_t = e^{-\left[\,|\,(Y_{ij})_{t-1} - (Y_{ij})_{t-1}\,| + \left| \frac{(\mathrm{d}Y_{ij})_t}{\mathrm{d}t} - \frac{(\mathrm{d}Z_i)_t}{\mathrm{d}t} \right| \,\right]} \tag{4.27}$$

其中 $\dfrac{(\mathrm{d}Y_{ij})_t}{\mathrm{d}t}$ 是 t 时期 i 系统第 j 个共生单元发展水平的随时间的变化率，$\dfrac{(\mathrm{d}Z_i)_t}{\mathrm{d}t}$ 为是 t 时期 i 系统综合协调发展水平的随时间的变化率，$(D_{ij})_t$ 为 t 时期 i 系统中第 j 个共生单元与系统整体协调发展水平之间的协调度。

② 当两者关系为类型 8 和类型 9 时，其协调度测度模型为：

$$(D_{ij})_t = e^{-\left[\,|\,(Y_{ij})_{t-1} - (Y_{ij})_{t-1}\,| + \left| \frac{(\mathrm{d}X_l)_t}{\mathrm{d}t} - \frac{(\mathrm{d}X_{\max})_t}{\mathrm{d}t} \right| \,\right]} \tag{4.28}$$

其中，$\dfrac{(\mathrm{d}X_l)_t}{\mathrm{d}t}$ 为协调发展水平较低的系统的协调发展水平变化率，若 $(Y_{ij})_{t-1} > (Z_i)_{t-1}$，则 $\dfrac{(\mathrm{d}X_l)_t}{\mathrm{d}t} = \dfrac{(\mathrm{d}Z_i)_t}{\mathrm{d}t}$，$\dfrac{(\mathrm{d}X)_{\max}}{\mathrm{d}t} = \dfrac{(Y_{ij})_t - (Z_i)_{t-1}}{\mathrm{d}t}$；若 $(Y_{ij})_{t-1} < (Z_i)_{t-1}$，则 $\dfrac{(\mathrm{d}X_l)_t}{\mathrm{d}t} = \dfrac{(\mathrm{d}Y_{ij})_t}{\mathrm{d}t}$，

$$\frac{(\mathrm{d}X_t)_{\max}}{\mathrm{d}t} = \frac{(Z_i)_t - (Y_{ij})_{t-1}}{\mathrm{d}t}, \ (D_{ij})_t \text{ 的含义同上。}$$

对于系统内部协调度即为各共生单元发展水平与系统协调发展水平协调度几何平均数协调度的几何平均数来表示，其测度模型如式 4.29。其中 $(D_i)_t$ 为 t 时期第 i 系统的协调度。

$$D_i = \sqrt[n]{\prod_{j=1}^{n}(D_{ij})_t} \tag{4.29}$$

3. 区域 FEEEP 系统协调度测度实证分析

由于改革开放三十年是我国经济和社会快速发展的三十年，也是中国可持续发展思想形成、吸收和消化的关键时期，因此分析这一时段中国区域 FEEEP 系统的协调度有助于我们了解中国可持续协调发展程度及运行规律，对于发现和解决区域 FEEEP 问题及制订相关的可持续发展政策均有着极为重要的作用。因此，本章依据第三章 FEEEP 系统协调发展水平值及上述所构建的 FEEEP 系统协调度测度模型，分别测度了中国改革开放 36 年以来区域 FEEEP 系统各子系统内部协调度及系统之间的协调度。其具体测度的结果如书末附表二、附表三、附表四和附表五所示。

（1）区域 FEEEP 系统协调等级划分标准

表 4.8 是具体所测度协调度的等级划分标准。由于依据上述模型所测度出来的协调度值只是一个量化指数，仅从数值上无法定性地分析具体 FEEEP 系统的协调发展程度到底处于什么样的程度，因此需要量化的等级划分标准来定性分析区域 FEEEP 系统的协调状况。

由于由上述协调度测度模型所测算出来的协调度值是处于 [0, 1] 区间的值，因此为合理地反映区域 FEEEP 系统协调发展程度，本章以 0.1 个单位为划分标准，将 [0, 1] 区间划分为 10 个不同的等级区间，每个区间均给予了失调或协调的界定，具体如表 4.8 所示。

由表 4.8 可以看出，协调度在整体上可以分为两类，为失调和协调，其中失调共5个等级，即：极度失调、高度失调、中度失调、低度失调和弱度失调。相应的协调也有五个等级，即：弱度协调、低度协调、中度协调、高度协调和极度协调。如果所测度的协调度值为0.67，则认为系统之间的协调程度为低度协调，如果所测度的协调度值为0.21，则认为系统之间的协调程度为中度失调。可见，表4.8所构建的协调度等级划分表能将所测度的协调度定量与定性合理地结合起来。

表 4.8 协调度等级划分标准

协调等级	协调含义	协调度区间	协调等级	协调含义	协调度区间
1	极度失调	0.0000~0.1000	6	弱度协调	0.5001~0.6000
2	高度失调	0.1001~0.2000	7	低度协调	0.6001~0.7000
3	中度失调	0.2001~0.3000	8	中度协调	0.7001~0.8000
4	低度失调	0.3001~0.4000	9	高度协调	0.8001~0.9000
5	弱度失调	0.4001~0.5000	10	极度协调	0.9001~1.0000

(2) 中国FEEEP系统各子系统内部协调度

本书末附表二中的1979—2013年中国FEEEP系统各子系统协调度值是根据附表一中各子系统的协调发展水平值及式4.27、式4.28和式4.29测算出来的。由于从具体这三十几年发展特征来看，改革三十多年来从时间跨度上横跨了八个"五年计划"，而"五年计划"是中国宏观经济发展和运行的指导性规划，对中国经济和社会的发展有着极为重要的作用，且每个"五年计划"均有其各自的基本特征，因此本文将这三十年的FEEEP系统的协调度从整体上划分成八个五年计划来进行分析。从具体时间跨度来看，由于在测度系统内部协调度时是以1978的为基期进行分析的，因此只能算出各系统1979年至2013年协调度的值，因此本文将1979年值视为"五五"期间的整体协调度，而"十二五"各系统协调度则是由2010年到2013年四年的平均值求得的，其他年份均是按各自"五年计划"的时间进行平均求得。图4.11中绘制的是年度子系统内部协调度时间序列图，可见除去经济子系统外，其他各子系统的协调度随年份变化的波动都比较大。

1. 食物系统内部协调度　　2. 能源系统内部协调度
3. 经济系统内部协调度　　4. 环境系统内部协调度
5. 人口系统内部协调度

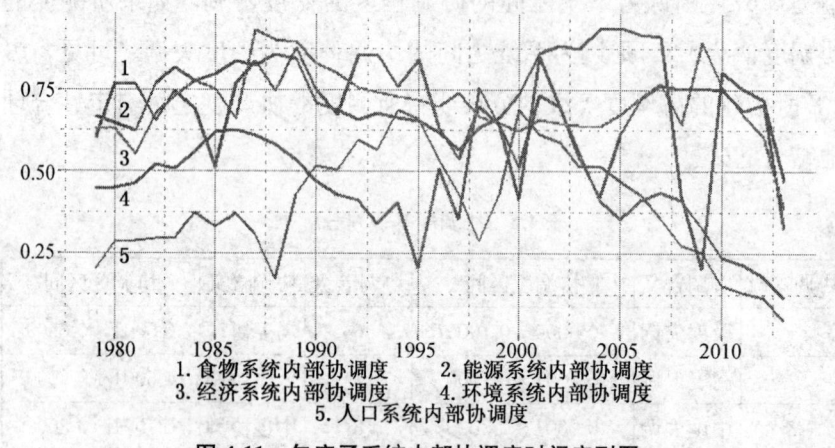

图4.11　年度子系统内部协调度时间序列图

图4.12是1979—2013年中国FEEEP系统各系统内部协调度各时期平均值。由图4.12和附表二可以得出以下三个结论：

① 在总体上食物子系统、经济子系统和人口子系统的内部协调度相对较高，均处于协调状态，其中经济子系统协调度相对最高，为中度协调；能源子系统和环境子系统的内部协调度相对较低，均为失调状态，最差的是能源子系统的内部协调度，为低度失调。由图4.12可以看出，改革开放三十年以来经济子系统的内部协调度平均值在0.70以上，食物子系统的内部协调度平均值在0.60到0.70之间，而人口子系统也在0.50到0.60之间，分别处于中度协调、低度协调和弱度协调状态。而能源子系统和环境子系统的协调度均处在0.30到0.40之间，从总体均值来看是处于低调失调状态。

② 各子系统在"五五"、"六五"和"七五"三个时期均有不同程度的增长，但在随后的四个时期中各子系统内部协调度的变化趋势均表现出较大的差异性，其中经济子系统内部协调度在"八五"、

"九五"以及"十五"期间是下降的，但随后在"十一五"期间有所上升，但在"十二五"又有较大幅度的下降；人口子系统的内部协调度在随后的四个时期内则与经济子系统存在着较为相同的变化方向；而食物子系统内部协调度除在"九五"期间有所下降外，其他时期均是上升的；能源与环境两个子系统内部协调度在"十二五"期间均有大幅下降。

③ 从各子系统具体的变化特征形成的原因来看，各子系统内部协调度的变化在一定程度上与各时期的相关政策的实施有着较大的关系。在上世纪九十年代以前各子系统内部协调度之所以均处于上升的态势，这是由于改革开放之后中国生产力得到了大幅度的提高，中国经济与社会发展的各项事业均有着较快速度的增长。但在九十年代后，随着可持续发展思想的引入和相关政策的实施，各子系统均出现了不同程度的变化态势。对于经济子系统来说，能源大量消费，中国环境问题也日益严重，经济系统的内部协调度在能源与环境的双重约束之下在"八五"期间也出现了小幅度的下降，其中1992年和1993年经济系统的协调度分别为0.52和0.58，处于弱度协调状态，随后随着经济结构的调整和优化，经济子系统在"九五"和"十五"期间的内部协调度又有所上升，但在2005年和2006年又有不同程度的下降，其中2006年的协调度值为0.48，小于0.70的年均值，处于弱度失调状态，可见这近两年经济子系统内部发展极不协调，有进一步恶化的态势，从附表一可以看出，其原因主要由于经济结构调整程度严重滞后于经济总量和经济质量的发展；对于食物子系统来说，由于粮食是人民赖以生存的基础，中国历届政策均将农业作为重点来抓，从1982年至今已有九个"中央一号文件"均是与农业和农村工作有关的重要文件，这也是中国粮食供需的重要保证，因此食物子系统除在"九五"期间由于天气的原因有所下降外，其他时期均是上升的，能源和环境子系统的内部协调度存在较强的一致性，这和第三章所求得的两子系统的协调发展水平有着

相的变化趋势相一致，其原因也是由于两个子系统之间有着较强的关联性，存在着双向的因果关系；人口子系统的内部协调度与经济子系统内部协调度存在着相同的变化方向，这是由于人口众多是制约中国经济社会发展的一个主要的因素，是经济是否可持续发展的一个重要影响因素，因此控制人口增长、促进人口系统的协调发展是中国人口政策的一个最基本国策，因此这两个系统的内部协调度存在着较强的正向相关性。

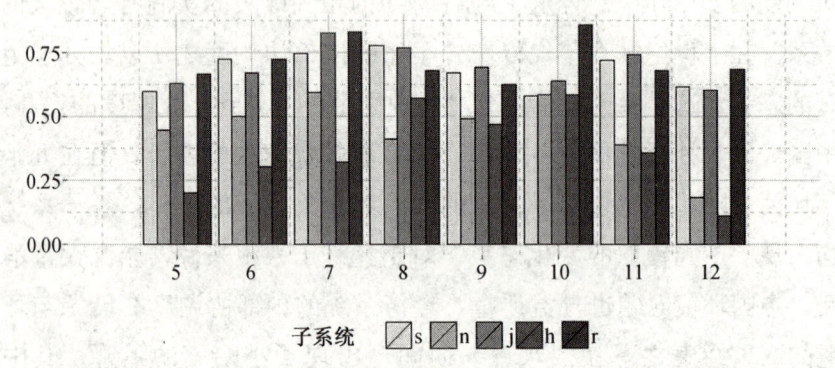

图 4.12 1979—2013 年中国 FEEEP 系统各子系统内部协调度

（3）中国 FEEEP 系统各子系统之间协调度

区域 FEEEP 系统各子系统之间的协调度主要有两系统之间、三系统之间、四系统之间和五系统之间的协调度。根据第三章各子系统的协调发展水平值及本章所构建的各子系统之间的协调度模型，可以得出附表三、附表四和附表五中的各子系统之间的协调度，图 4.13、图 4.14 和图 4.15 是依据附表三、附表四和附表五所得。

图 4.13、图 4.14 和图 4.15 分别是 1979—2013 年中国 FEEEP 系统两两子系统、三子系统、四子系统间及五个子系统之间协调度的变化趋势图，其中 D (S, N)、D (S, J)、D (S, H)、D (S, R)、D (N, J)、D (N, H)、D (N, R)、D (J, H)、D (J, R)、D (H, R) 分别代表食物-能源、食物-经济、食物-环境、食物-人口、能源-经济、能源-环境、能源-人口、经济-环境、经济-人口、环境-

人口两个子系统之间的协调度；D (S, N, J)、D (S, N, H)、D (S, N, R)、D (S, J, H)、D (S, J, R)、D (S, H, R)、D (N, J, H)、D (N, J, R)、D (N, H, R)、D (J, H, R) 分别代表食物-能源-经济、食物-能源-环境、食物-能源-人口、食物-经济-环境、食物-经济-人口、食物-环境-人口、能源-经济-环境、能源-经济-人口、能源-环境-人口和经济-环境-人口三个子系统之间的协调度；D (S, N, J, H)、D (S, N, J, R)、D (S, N, H, R)、D (S, J, H, R)、D (N, J, H, R) 分别代表食物-能源-经济-环境、食物-能源-经济-人口、食物-能源-环境-人口、食物-经济-环境-人口、能源-经济-环境-人口四个子系统之间的协调度；D (S, N, J, H, R) 即表示食物-能源-经济-环境-人口五个子系统之间的协调度。

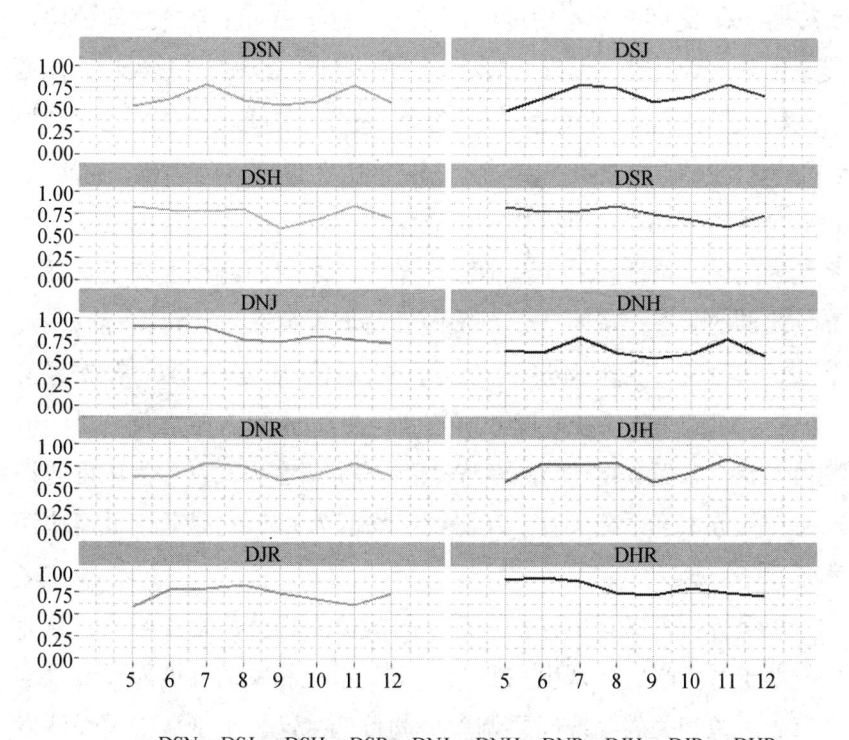

图 4.13　1979—2013 年中国 FEEEP 系统两两系统之间协调度

由图 4.13、图 4.14 和图 4.15 可以得出以下三个结论：

① 在总体上，各子系统之间的协调度均处于协调状态，但具体的协调程度不同，其中与人口系统相关的子系统间协调度均相对较低。

从图 4.13、4.14 和 4.15 中系统之间的具体协调度总计平均值来看，各种类型系统间协调度的总计平均值均大于 0.50，说明在整体上系统间协调度处于协调状态。从具体各系统间的协调度来看，各种类型的系统间协调度差异性较为明显，其中两系统之间协调度变异系统较大，从具体十种两两系统之间协调度的值来看，食物-人口、能源-人口、经济-人口、环境-人口子系统之间的协调度均相对较低，处于弱度协调状态，而协调度最高的是能源-经济子系统，为 0.86 处于高度协调状态，其余五种两两子系统之间的协调度均在 0.70 至 0.80 之间，处于中度协调状态；对于三个子系统之间的协调度来说，食物-能源-人口、食物-经济-人口、食物-环境-人口、能源-经济-人口、能源-环境-人口和经济-环境-人口三子系统之间的协调度相对较低，均处在 0.60 至 0.70 之间，为低度协调状态，而能源-经济-环境三子系统之间的协调度相对最高，为 0.81，说明这三个子系统之间的协调度相对于其他三个子系统之间的协调度来说是处于高度协调的状态；从四个子系统间的协调度值来看，食物-能源-经济-人口、食物-能源-环境-人口、食物-经济-环境-人口、能源-经济-环境-人口五个子系统之间的协调度均在 0.60 到 0.70 之间，处于低度协调状态，而食物-能源-经济-环境的协调度为 0.75，为中度协调状态；从五个子系统来看，其协调度均值为 0.65，也是处于低度协调水平。

由上分析可以看出，各子系统间的协调程度均是不同的，且相对较低子系统间的协调度均是与人口子系统相关的，也即只要是与人口子系统相关的系统间协调度值均偏低。这是由于从中国经济发展的实际来看，人口总量众多、人力资源总体质量不高、人口结构不协调一直是中国社会和经济发展过程中所面临的重要问题，虽然自改革开放以来，中国政策制定了诸如计划生育、提高教育经费等一系列措施从总量和质量的角度提高人口系统的综合发展水平，但从实际来看人口子系统对经济和社会发展的制约性并没有在本质上得到根除；从理论上来看，FEEEP系统是以人口子系统为主导的复合共生系统，其他四个子系统的存在和发展是以人口子系统的存在和发展为基础条件的，因此人口子系统是影响其他子系统进一步发展的关键性因素。

② 从各阶段各类型子系统之间协调度的变化特征来看，各种类

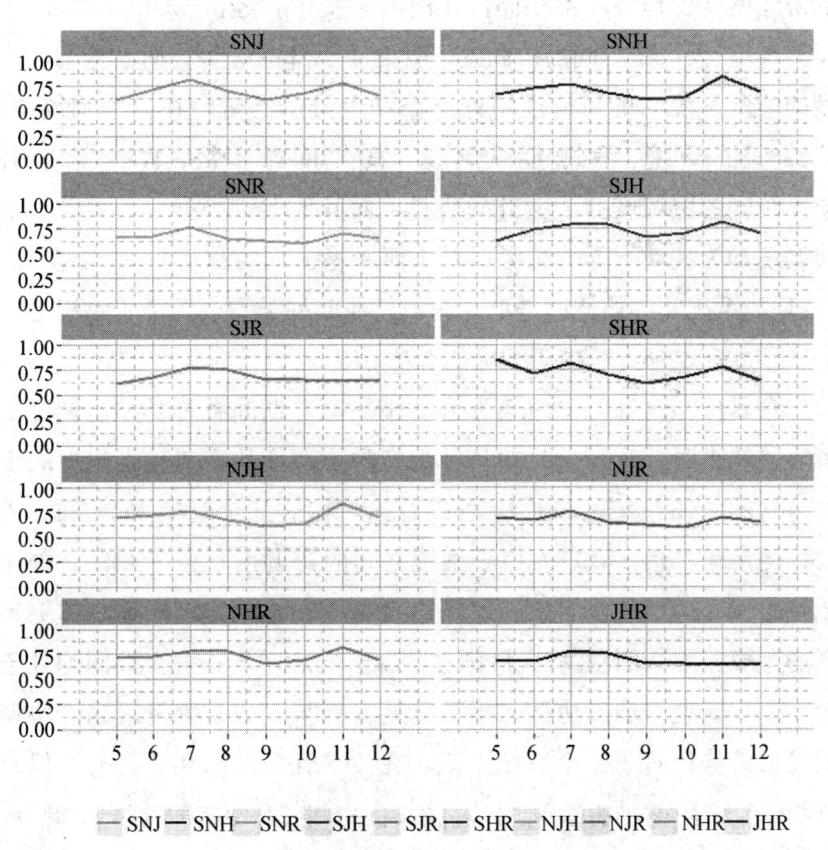

图4.14　1979—2013年中国FEEEP系统三系统之间协调度

型子系统间的协调度在早期"五五"、"六五"和"七五"期间均处于较高的水平，且都处于协调状态，但具体的变化趋势不同；而在"八五"、"九五"和"十一五"期间则均处于较低的水平，且部分类型系统间的协调度却处于失调状态。

由图4.13、4.14和4.15可以看出，在"五五"、"六五"和"七五"期间，仅有"五五"期间的食物-能源，食物-经济系统、"六五"期间食物-人口系统、"七五"期间环境-人口系统之间的协调度处在0.60到0.70之间，为低度协调状态，其他各种类型系统之间的协调度值均大于0.7，处于中度协调及以上的状态；各种类型系统间的协调度变化趋势均不相同，在两两系统中，经济-人口、能源-人口和环境-人口系统间的协调度一直处于下降的态势，而其他七种类型的两两系统间的协调度则处于波动上升的态势；在三个系统中，能源-经济-环境、食物-能源-环境、食物-能源-经济、食物-经济-环境系统间的协调度处于上升的态势，而其他七种类型三子系统间的协调度均为波动下降的态势；对于四子系统而言仅有食物-能源-经济-环境系统间的协调度是上升的，其他四种类型的四个子系统之间的协调度在整体上是处于下降的态势。

从具体"八五"、"九五"和"十一五"期间各种类型协调度的发展趋势来看，这三个时期各种类型的协调度均有着较大幅度的下降。从图4.13、4.14和4.15可以看出，在这三个时期内，能源-人口、经济-人口、环境-人口子系统之间的协调度均低于0.50，处于弱度失调及以下的水平，这也是导致这三类协调度水平在总体上不高的主要原因；而食物-人口则在"九五"和"十一五"期间均处于大于0.50，处于弱度协调水平，可见食物与人口系统呈现趋于协调的发展态势；对于三个系统来说，在"八五"期间和"九五"仅有食物-经济-环境、能源-经济-环境、食物-能源-经济和食物-能源-环境四个三系统之间的协调度处于协调状态，其他七个三子系统间的协调度均小于0.50，处于弱度失调及以下的水平，在"十一五"期间则有食物-能源-人口、食物-经济-人口、能源-经济-人口和经济-环境-人口四个三子系统间的协调度小于0.50，处于弱度失调及以下的水平，其他六类三子系统之间的协调度均大于 0.50，处于协调状态，虽然和"八五"、"九五"相比有所上升，但与"十五"相比却有较大幅度的下降，可见近年来系统间的不协调趋势有进一步增大的态势；对于四个子系统之间的协调度来说，除在"八五"期间能源-经济-环境-人口，食物-能源-环境-人口和食物-能源-经济-人口三个四子系统之间的协调度、"九五"期间食物-能源-环境-人口和食物-经济-环境-人口两个四子系统及"十一五"食物-经济-环境-人口子系统之间的协调度小于 0.50 并处于弱度失调状态外，其他各类型子系统间的协调度均为协调状态，在整体上大于两两系统及三个子系统间的协调度。

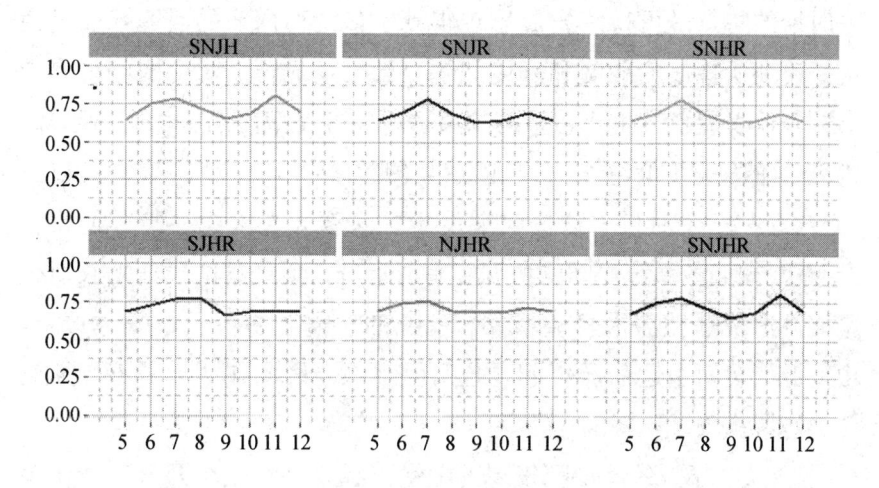

图 4.15　1979—2013 年中国 FEEEP 系统四、五系统之间协调度

从上面的分析可以看出，系统间的协调度从其原因来看，在整体上主要呈现三个阶段性的变化特征，第一阶段是从改革开放到上世纪九十年代，涵盖了"五五"、"六五"和"七五"三个时期，这一时期对于中国来说是一个百废待举、百业待兴的大调整、大发展

时期，在食物上国家对农业高度重视，随着联产承包责任制的实施和推行，农业生产力得到了空前提高，并取得了较快的发展势头；对于能源系统来说，在这一时期中国的能源发展战略是开源化的发展战略，一切有利于经济和社会发展的能源政策均相继推出，使得能源产量有了大幅度的提高、能源的消费快速增长，但同时也带来生态环境的恶化。但在这一时期环境问题并没有严重到约束经济发展的程度，因此在这一时期，中国的食物、能源、经济和环境几个子系统之间的协调度在整体上有所上升；对于人口，其原因和上面分析的原因相似，由于人口总量众多一直是新中国经济和社会发展的阻碍性因素，很难要短期内消除人口对经济和社会发展的影响，因此，其他子系统与人口子系统的协调度也是处于下降的态势；第二阶段是上世纪九十年代，涵盖了"八五"、"九五"两个时期。这一时期的特点是可持续发展思想得到了广泛而深入的研究，而且由前一时期所造成的能源和环境问题也已日益显现，对中国经济和社会的整体发展也产生了双重的约束，因此各类型协调度均有所下降；第三个阶段是新世纪2000年以后，涵盖了"十五"、"十一"以及"十二五"三个时期。这一时期由于国家政策上大力支持，使得在"十五"初期各系统之间的协调度有所上升，但经济的飞速增长所带来能源消费刚性需求日益增加，能源的供需矛盾也已越来越严重，由能源消费而引起的环境问题也日益严峻，因此在"十二五"期间各类能源出现了下降的态势。

③ 从各子系统间协调发展的关键路径来看，改革开放三十年来中国FEEEP系统间的协调程度在总体上主要是由环境-人口两子系统、食物-经济-人口三个子系统及食物-经济-环境-人口四个子系统间协调程度制约的，而对于各具体时期来说各种类型子系统间协调发展的关键路径均具有一定的差异性。

区域FEEEP系统协调发展关键路径指的是影响和制约FEEEP系统间协调程度进一步提高的关键性因素。由于FEEEP系统间的协调程度取决于各类子系统间的协调度，因此各时期各种类型系统间协调度最低的一组子系统对区域 FEEEP 系统协调发展影响最大，这一组子系统也是区域 FEEEP 系统协调发展的关键路径。

由图 4.13、4.14 和 4.15 可以看出，从总体上来看，中国改革开放三十年来 FEEEP 系统的关键路径是：环境-人口（0.56）＞食物-经济-人口（0.60）＞食物-经济-环境-人口（0.63）。即从两两系统之间的协调关系来看，环境与人口之间的矛盾已成为各类子系统之间最重要的矛盾，三系统的协调程度则是由食物、经济和人口所制约，而四系统则主要是由食物、经济、环境、人口四个子系统之间协调度不高所引起的。可见，促进这三类子系统之间的协调程度有助于在整体上提高中国 FEEEP 系统协调程度。

从各时期 FEEEP 系统协调发展的关键路径来看，在"五五"时期其关键路径是：食物-经济（0.63）＞食物-经济-环境（0.71）＞食物-能源-经济-环境（0.74）；在"六五"时期其关键路径是：食物-人口（0.68）＞食物-能源（经济）-人口（0.72）＞食物-能源（经济）-环境-人口（0.75）；在"七五"时期其关键路径是：环境-人口（0.68）＞能源-环境-人口（0.73）＞食物-能源（经济）-环境-人口（0.76）；在"八五"时期其关键路径是：经济-人口（0.31）＞食物-能源-人口（0.36）＞食物-能源-经济-人口（0.44）；在"九五"时期其关键路径是：环境-人口（0.38）＞食物-环境-人口（0.42）＞食物-能源-环境-人口（0.48）；在"十五"时期其关键路径是：环境-人口（0.50）＞食物-环境-人口（0.60）＞食物-经济-环境-人口（0.64）；在"十一五"时期其关键路径是：经济-人口（0.33）＞食物-经济-人口（0.43）＞食物-经济-环境-人口（0.49）。括号中的子系统表明两类子系统的协调度相同，即对各时期协调发展程度有着相同的制约性影响。

由上述关键路径可以看出，人口子系统一直是影响中国 FEEEP 系统协调发展最主要的子系统，但其他子系统对中国 FEEEP 系统协调发展的影响程度却有着一定的变化规律，在"五五"时期食物子系统对中国 FEEEP 系统的协调发展有着较大的影响；但随着时间的推移，环境子系统已成为对中国 FEEEP 系统协调发展的影响最大的子系统，在"七五"、"九五"、"十五"时期，环境子系统在各类关键路径均有影响；而在"十一五"期间则主要表现为经济子系统与其他子系统的不协调。从其原因来看，在"五五"时期食物子系统的协调发展水平相对较低，但随着国家对农业的大力扶持，粮食作物的产量及其结构有了较大幅度的改善，使得其协调发展水平有了一定程度的提高，因此到随后的几个时期食物已不再是制约整体 FEEEP 系统协调发展的主要原因，而是由经济快速增长的过程中能源的大量消费所引起的环境问题所替代，到"十二五"期间之所以出现经济子系统与其他子系统间协调性较差，这是由于这一时期中国经济增长相对较快，而与之相应的四个子系统整体协调发展水平也有所提高。

四、本章小结

通过本章的分析，可以得出以下八个结论：

1. PLS 通径模型适用于区域 FEEEP 系统协调发展水平的测度分析，是测度区域 FEEEP 系统协调发展水平的一种新的方法。通过本章的分析可以看出，应用 PLS 通径模型测度区域 FEEEP 系统及各子系统的协调发展水平，不但能有效地消除指标多重共线性所带来的影响，而且还能依据协调发展水平的内涵将系统的协调发展水平视作隐变量来进行处理，所测度的指数能综合反映出区域 FEEEP 系统及子系统的协调发展水平。

2. 所构建的指标体系能最大程度地反映区域 FEEEP 系统的协调发展状况，说明本文所构建的指标体系可信度较高。本文主要是从总量、结构和质量三个维度构建了各子系统的协调发展水平指标体系，由 FEEEP 系统的协调发展水平与各指标相关程度的实证结果可以看出，本文所构建的 55 个指标中有 45 个指标与 FEEEP 各子系统协调发展水平相关性的绝对值均较大，通常都在 0.90 以上，而 PLS 通径模型中所求得的相关性说明了系统的协调发展水平包含各指标的信息程度，可见本文所构建的绝大多数指标均被概括在系统协调发展水平这一隐变量中。

3. 自改革开放以来，中国 FEEEP 各子系统及其整体系统的协调发展水平在整体上是呈递增的态势，但各子系统协调发展水平的变动趋势及 FEEEP 系统整体协调发展水平的具体变动情况却有较大的差异性。中国 FEEEP 系统整体协调发展水平自改革开放以来趋于逐年递增的态势；从每个子系统来看，经济子系统协调发展水平一直处于快速递增的态势，食物子系统协调发展水平呈现小幅度波动增长的态势，能源子系统协调发展水平与环境子系统协调发展水平的波动趋势较为相同，相关性较强，而人口子系统协调发展水平波动程度则相对较大，这与各个时期各子系统内部具体政策的变化有着较大的关系。

4. 从系统的维度隐变量对系统协调发展水平变动的影响来看，在整体上质量维度对各子系统协调发展水平及 FEEEP 整体协调发展水平的影响均相对较小，而总量维度对各子系统协调发展水平及 FEEEP 整体协调发展水平的影响均相对较大，进一步说明无论在 FEEEP 系统整体上还是在各子系统内部中国社会经济的发展均未摆脱粗放式的增长方式。

5. 从各子系统协调发展水平对 FEEEP 系统整体协调发展的影响来看，环境子系统对 FEEEP 系统的协调发展影响程度最大，其次是经济子系统、食物子系统和人口子系统。影响程度最差的是能源子系统，其原因主要是由于能源与环境存在着较强的相关性，其对 FEEEP 系统的影响一部分是通过环境子系统作用于 FEEEP 系统。

6. 本章所构建基于综合变化的协调度测度模型适应于区域

FEEEP系统各子系统内部协调度及子系统间协调度的测度分析，为区域FEEEP系统协调发展程度的测度提供了一种新的方法。从上面的分析可以看出，本章所构建基于综合变化的协调度测度模型综合考虑了各子系统基期的协调发展水平及报告期的协调发展水平随时间的变化率，弥补了现有协调度测度模型的缺陷，从具体的实证结果来看该模型能有效地针对各子系统内部及各子系统之间两个方面来对区域FEEEP系统的协调发展程度进行测度，能反映区域FEEEP共生系统能量的生成及整体的进化方向。

7. 改革开放三十年以来，中国FEEEP系统各子系统内部协调度在总体上存在较大的变化趋势，其中食物子系统、经济子系统和人口子系统的内部协调度均处于协调状态，而能源子系统和环境子系统的内部协调度均为失调状态，其中能源子系统为低度失调状态；在各具体的时期各子系统内部变化趋势也有较大的差异，其中食物子系统内部协调度除在"九五"期间有所下降外，其他时期均是上升的；经济子系统与人口子系统内部协调度呈现较为相同的波动变化态势；而能源与环境两个子系统内部协调度则具有相同的典型倒U型变化趋势。

8. 从各子系统相互之间的协调度来看，在总体上，各子系统之间的协调度均处于协调状态，其中人口系统是制约系统间协调程度的关键子系统；在上世纪九十年代之前各子系统协调度相对较大，但之后系统间协调度有所下降，且有部分系统间的协调度处于失调状态水平；在总体上影响中国FEEEP系统协调发展程度的关键路径是环境-人口两子系统、食物-经济-人口三个子系统，以及食物-经济-环境-人口四个子系统间协调程度，而各具体时期其关键路径均存在着较大的差异性。

第五章

区域 FEEEP 系统协调共生稳态性分析

由于 FEEEP 问题的本质是如何在承受人口增长与经济发展的巨大压力下，仍然能够提供足够的食物与能源需要，并同时确保资源的可持续利用与维持良好的环境质量。因此解决 FEEEP 问题的本质就在于消除食物需求的增长、经济的发展与人口增长、资源消耗、环境退化之间矛盾，其本质就在于实现区域 FEEEP 系统各子系统间的和谐发展，即达到协调共生的状态。第三章和第四章主要从整体上分析区域 FEEEP 系统协调发展状态的量化测度问题，为进一步分析区域 FEEEP 系统协调共生的内部演化规律，本章在第二章的理论基础上主要就区域 FEEEP 系统的演化路径、区域 FEEEP 系统内部协调共生演化关系及局部稳态性做分析。主要内容如下：分析区域 FEEEP 的稳态机理，构建区域 FEEEP 系统内部互利共生演化模型，讨论区域 FEEEP 系统内部协调共生动态稳态条件及局部稳态性测度方法，最后实证分析区域 FEEEP 系统各子系统演化路径及区域 FEEEP 系统内部稳态性。

一、区域 FEEEP 稳态机理分析

区域 FEEEP 系统是以人类活动为基础的社会系统，其内部共生关系主要有两类：一类是以人口系统对其他子系统的关系。这是一种主动关系，主要表现为由人类的活动对食物、能源、经济和环境影响。主要有：人口与食物、人口与能源、人口与经济和人口与环境之间的关系；另一类是由人类活动所导致的各子系统对人口系统

及各子系统之间的关系。这类关系也叫做间接引致关系，是一种被动的关系。从本质上来看，区域 FEEEP 系统共生关系是以其各子系统之间的相互影响、相互制约为基本前提的，且每个子系统均不能单独存在，而是以其他子系统的存在为前提，基于此，王建华等采用系统动力学方法建立包括冲突模型、掠夺模型及和谐模型三类模型的人地关系系统动力学模型，研究了人类与自然长久共存的条件。本节主要在共生理论指导下构建系统之间的协调共生演化模型，进而来分析区域 FEEEP 系统内部演化关系。

（一）模型假设

为构建区域 FEEEP 系统内部互利共生演化模型，本文需要做如下三个假设：

假设1：各子系统的状态变量受密度制约影响，其状态变量水平均存在一个最大的潜在水平 N，其大小与规模相关，规模越大 N 越大；

假设2：$x_i(t)$ 和 $dx_i(t)$，$i=1, 2, 3, 4, 5$ 分别表示 FEEEP 系统五个子系统在 t 时刻的状态变量（如：GDP、能源消费等）及其增长率。N_i，$i=1, 2, 3, 4, 5$ 分别表示各个子系统状态变量的最大阈值；r_i 分别表示五个子系统状态变量的自然增长率。δ_{ij} 分别表示第 i 个子系统的状态变量对第 j 个子系统状态变量的影响系数；

假设3：各子系统相互影响相互制约，且均不能独立存在。

（二）模型构建

由假设3可得，假设系统 A 和系统 B 是五个子系统中的 FEEEP 系统的任意两个子系统，由于子系统之间是以互利共生的形式存在和发展的，因此如果系统 A 在没有系统 B 存在的情况下将会趋向于消亡，假如系统 A 的消亡率为 r_1，则若系统 A 单独存在则有：

$$\frac{\mathrm{d}\,x_1(t)}{\mathrm{d}t} = -r_1\,x_1 \tag{5.1}$$

如果系统 B 为系统 A 提供生存所必需的环境或能量，则系统 A 的动态变化就要加入系统 B 对系统 A 的促进作用，则有：

$$\frac{\mathrm{d}\,x_1(t)}{\mathrm{d}t} = r_1\,x_1\left(-1 + \delta_{21}\frac{x_2}{N_2}\right) \tag{5.2}$$

此时当且仅当 $-1 + \delta_{21}\frac{x_1}{N_1} > 0$ 时，系统 A 才会增长。由假设 1 可知，各系统的增长又会受到自身的密度制约，因此一个完整的系统演化 Logistic 方程如下式所示：

$$\frac{\mathrm{d}\,x_1(t)}{\mathrm{d}t} = r_1\,x_1\left(-1 - \frac{x_1}{N_1} + \delta_{21}\frac{x_2}{N_2}\right) \tag{5.3}$$

因此，对于系统 A 和系统 B 两个子系统，其相互影响的 Lotka-Volterra 模型如下式所示：

$$\begin{cases} \dfrac{\mathrm{d}\,x_1(t)}{\mathrm{d}t} = r_1\,x_1\left(-1 - \dfrac{x_1}{N_1} + \delta_{21}\dfrac{x_2}{N_2}\right) \\ \dfrac{\mathrm{d}\,x_2(t)}{\mathrm{d}t} = r_2\,x_2\left(-1 - \dfrac{x_2}{N_2} + \delta_{12}\dfrac{x_1}{N_1}\right) \end{cases} \tag{5.4}$$

由上述模型可得以下三个结论：

① 当 $\delta_{12} = \delta_{21} = 0$ 时，表示系统 A 和系统 B 两系统不存在相互影响，不存在共生关系，也不会产生共生效应。在这种情况下，两子系统的状态变量均符合式 5.1，并最终趋于消亡；

② 当 $\delta_{12} = $ 且 $\delta_{21} \neq 0$ 时，表示系统 A 与系统 B 之间存在偏利共生关系，即系统 A 受益于系统 B 的发展，而系统 B 的发展对系统 A 是既无利也无害的一种共生关系；同理当 $\delta_{21} = 0$，$\delta_{12} \neq 0$ 时，表示系统 B 与系统 A 存在偏利共生关系，即系统 B 受益于系统 A 的发展，而系统 A 的发展对系统 B 却没有影响；

③ 当 $\delta_{12} \neq 0$，$\delta_{21} \neq 0$ 时，表示五个系统之间相互关联相互影响；若 δ_{12} 和 δ_{21} 均大于 0，则表示系统 A 和系统 B 之间存在正向和谐的互利共生关系；若 δ_{12} 和 δ_{21} 均小于 0，则表示系统 A 和系统 B 之间存在冲突的共生关系；若 δ_{12} 和 δ_{21} 一正一负，正值说明系统之间存在正向的影响，而负值则说明系统之间存在负向冲突的影响。

（三）稳态特征

由于区域 FEEEP 系统的协调发展是以各子系统间的相互作用、相互制约为前提，因此区域 FEEEP 系统两两子系统间的稳态性是区域 FEEEP 系统整体协调共生稳态发展的根本性条件，因此可以依据上述所构建的两两系统间内部协调共生模型来分析区域 FEEEP 系统局部稳态性条件。求式 5.4 的均衡点，可得下式：

$$\begin{cases} f(x_1, x_2) = r_1 x_1 \left(-1 - \dfrac{x_1}{N_1} + \delta_{21} \dfrac{x_2}{N_2} \right) = 0 \\ g(x_1, x_2) = r_2 x_2 \left(-1 - \dfrac{x_2}{N_2} + \delta_{12} \dfrac{x_1}{N_1} \right) = 0 \end{cases} \quad (5.5)$$

由式 5.5 可得四个均衡点：$M(-N_1, 0)$，$N(0, -N_2)$，$O(0, 0)$，$P(\dot{x}_1(t), \dot{x}_2(t))$，其中 $\dot{x}_1(t) = \dfrac{N_1(1+\delta_{21})}{-1+\delta_{21}\delta_{12}}$，$\dot{x}_2(t) = \dfrac{N_2(1+\delta_{12})}{-1+\delta_{21}\delta_{12}}$，从各子系统状态变量发展的经济含义来看，系统的状态变量均应该为正数，因此 $M(-N_1, 0)$ 和 $N(0, -N_2)$ 不符合实际经济意义的要求，只有 $O(0, 0)$，$P(\dot{x}_1(t), \dot{x}_2(t))$ 两个均衡点才有实际的经济意义。因此依据微分方程稳态性理论可以将方程组 5.5 写成下式：

$$A = \begin{bmatrix} f_{x_1} & f_{x_2} \\ g_{x_1} & g_{x_2} \end{bmatrix}$$

$$= \begin{bmatrix} \left(-r_1 - \dfrac{2x_1 r_1}{N_1} + \delta_{21}\dfrac{r_1 x_2}{N_2}\right) & \delta_{21}\dfrac{r_1 x_2}{N_2} \\ \delta_{12}\dfrac{r_2 x_1}{N_1} & \left(-r_2 - \dfrac{2x_2 r_2}{N_2} + \delta_{12}\dfrac{r_2 x_1}{N_1}\right) \end{bmatrix}$$

$$(5.6)$$

将 $O(0,0)$ 代入 5.6 式,可得:$p = -(f_{x_1} + g_{x_2}) = r_1 + r_2 > 0$,$q = \det A = r_1 r_2 > 0$,可见 $O(0,0)$ 是方程组 5.4 的稳定结点。

同理可将 $P(\dot{x}_1(t), \dot{x}_2(t))$ 代入式 5.6,可得 P 点的稳态特性,由微分方程稳态判定原则可得:

$$p = -(f_{x_1} + g_{x_2}) = \frac{r_1(1+\delta_{21}) + r_2(1+\delta_{12})}{\delta_{21}\delta_{12} - 1} \quad (5.7)$$

$$q = \det(A) = \frac{r_1 r_2 (1+\delta_{21})(1+\delta_{12})}{1 - \delta_{21}\delta_{12}} \quad (5.8)$$

考察平衡点 $P(\dot{x}_1(t), \dot{x}_2(t))$ 可得,只有当 $\delta_{21}\delta_{12} > 1$,$\delta_{12} > 0$ 和 $\delta_{21} > 0$ 时,平衡点才有实际经济意义。此时由式 5.7 和式 5.8 可得:$q < 0$ 且 $p^2 - 4q > 0$。可见,此时 P 点为鞍点。

(四) 稳态均衡分析

1. 稳定结点

由上述的分析可知,$O(0,0)$ 点是稳定结点,指的是在任何初始条件下两个相互作用的系统都趋于消亡的平凡平衡点,也叫做恶性平衡点。如图 5.1 所示,图中系统主质参量的初始值将两个相互作用的系统划分为三个区域,即:Ⅰ:$\dot{x}_1 < \dot{x}_2$;Ⅱ:$\dot{x}_1 > \dot{x}_2$;Ⅲ:$\dot{x}_1 = \dot{x}_2$。假设 x_1 代表能源系统的主质参变量能源消费总量;x_2 代表人口系统主质参变量人口总数。则当两个变量处于Ⅰ区域时,表明在这两个系统中,人口数量处于较高的状态,而能源消费总量却相对较低,当能源消费满足不了人口增长的需要时,必然会抑制人口的增长,如果不对这种状态采取必要的应对措施,最终的结果就是两系统主质参量会随 a 路径趋向于 O(0,0);当两个变量处于Ⅱ区域时,情形和Ⅰ恰好相反,此时的社会处于能源高消费的一种模式,这种模式的最终结果也必然会导致两系统主质参量沿路径 b 趋向于 O(0,0);Ⅲ区域主要指的是第一象限的平分线,处于这一平分线上的两类系统的主质参量是随时间有关相同的变化趋势,由于系统的主质变量有最大阈值的限制,因此两系统主质参量最终也会沿路径 c 趋于 O(0,0)。

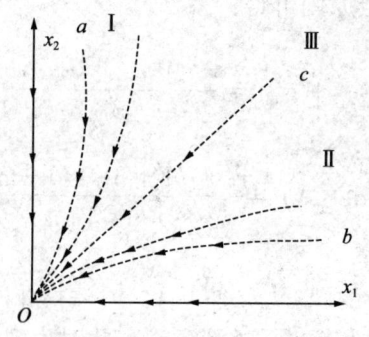

图 5.1 系统稳定结点 O(0,0)的演化态势

2. 鞍点

由 O(0,0)特性可以看出,O(0,0)点显然不是期望的均衡点,而且为防止这一情形的发生,人们也会采取各种措施促进 FEEEP 共生系统的协调发展,并力求系统向均衡点 $P(\dot{x}_1(t)$, $\dot{x}_2(t))$ 方向发展,P 点称为良性平衡点。由于 P 点是鞍点均衡,其均衡的条件是 $\delta_{21}\delta_{12}>1$,$\delta_{12}>0$ 和 $\delta_{21}>0$。由假设 2 可知,δ_{ij} 是两系统的相互影响系数,若将 $\delta_{21}\delta_{12}$ 界定为两系统的综合协调发展效应,则鞍点均衡条件表明两个系统的主质参量不但各自相互影响系数为正,即两系统存在良性的协调互利的关系,而且两系统的综合协调发展效应也要大于 1。

从图 5.2 鞍点 $P(\dot{x}_1(t), \dot{x}_2(t))$ 的演化态势可以看出，由 $\dot{x}_1 = 0$ 和 $\dot{x}_2 = 0$ 两条线将第一象限划分为四个区域：Ⅰ：$\dot{x}_1 < 0$，$\dot{x}_2 > 0$；Ⅱ：$\dot{x}_1 < 0$，$\dot{x}_2 < 0$；Ⅲ：$\dot{x}_1 > 0$，$\dot{x}_2 > 0$；Ⅳ：$\dot{x}_1 > 0$，$\dot{x}_2 < 0$。假设 x_1 代表能源系统的主质参变量能源消费总量；x_2 代表人口系统主质参变量人口总数。由图 5.2 可以得出，处于Ⅰ区域点的特征是人口总数不断增加，能源消费总量不断减少，而处于Ⅳ区域点的特征恰好与Ⅰ区域相反，说明处于这两个区域的点最终会沿着Ⅰ和Ⅳ区域尖头的方向向左上方和右下方发散；处于Ⅱ区域点的特征是能源消费总量和人口总数同时增加，而Ⅲ区域点的主要特征是能源消费总量和人口总数同时减少，且处于这两个区域的点最终会沿着图示的尖头方向收敛于 P 点，其最优的收敛路径为 AB。说明在Ⅱ区域无论是人口数量还是能源消费总量均处于较高的水平，由于这两类变量均受其最高潜在水平和自身密度的制约，因此两个系统的主质参量最终会沿着 AB 路径收敛到 P 点；同样当处于Ⅲ区域的点说明人口数量和能源消费量均处于较低的水平，两个系统主质变量均有向其自身最大潜在水平发展的态势，因此两个变量均上升，并最终沿最优路径收敛于 P 点。在实际的人口、能源互利共生系统中，大部分满足鞍点条件的点均处在Ⅱ和Ⅲ区域，并最终收敛于 P 点，只有在特殊的情形下才会出现Ⅰ和Ⅳ区域中的点，如：战争和瘟疫

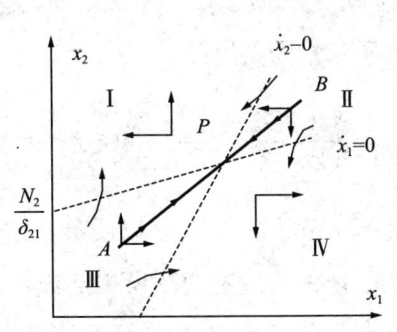

图 5.2 系统鞍点 $P(\dot{x}_1(t), \dot{x}_2(t))$ 的演化态势

等,而且即使出现这种情形也只是短期的行为,最终会随着突发事件的终止而回归到鞍点路径之上。

二、区域 FEEEP 系统稳态性测度

(一) 稳态测度模型构建

由上面的分析可以看出,区域 FEEEP 系统是由五个子系统构建的共生演化系统,是一个不断变化的动态开放系统,系统之间的相互制约、相互关联关系影响着区域 FEEEP 系统的整体共生演化进程。从区域 FEEEP 系统内部协调共生结构来看,良性的鞍点均衡是系统长期发展的目标,因此就需要对区域 FEEEP 系统内部共生的稳态性进行跟踪和监控,以便能及时发现问题并解决问题,从而确保区域 FEEEP 系统的协调发展能保持一定的稳态性。依据共生理论,通常采用共生度来刻画某一时刻区域 FEEEP 系统的内部共生稳态性程度。

共生度的基本含义是两个共生单元或共生系统之间质参量变化的关联度。因此用共生度来代表 FEEEP 系统各共生单元之间质参量变化能反映共生单元两两之间的质参量相互影响的程度。假设子系统 A 和系统 B,它们分别有质参量 Z_i、Z_j,依据共生度的定义,可得子系统 A 和 B 的质参量的共生度 λ_{ij} 为:

$$\lambda_{ij} = \frac{\mathrm{d}Z_i / Z_i}{\mathrm{d}Z_j / Z_j} = \frac{Z_j \mathrm{d}Z_i}{Z_i \mathrm{d}Z_j} (\mathrm{d}Z_j \neq 0) \qquad (5.9)$$

λ_{ij} 即为以共生单元子系统 A 和 B 以质参量描述的共生度,其含义是共生单元 A 的质参量 Z_i 的变化率所引起或所对应的共生单元 B 的质参量 Z_j 的变化率,当 Z_i 和 Z_j 分别是系统 A 和系统 B 的主质参量时,则 $\lambda_{ij} = \lambda_{ij}{}^m$ 称为 A 和 B 的特征共生度。它是最具代表性地表

征 A 和 B 的共生特征的变量。

$$\lambda_{ij}{}^m = \frac{Z_{mj} \, \mathrm{d} Z_{mi}}{Z_{mi} \, \mathrm{d} Z_{mj}} \tag{5.10}$$

由式 5.10 可以得出如下五个结论：

1. 若 $\lambda_{ij}{}^m = \lambda_{ji}{}^m > 0$，则子系统 A 和 B 处于正向对称共生状态，这也是共生系统最终的发展目标，此时系统 A 和系统 B 具有很强的稳态性；

2. 若 $\lambda_{ij}{}^m \neq \lambda_{ji}{}^m > 0$，则子系统 A 和 B 处于正向非对称共生状态。此时，系统 A 与共生系统 B 可互相促进，双方受益，共生稳态性较高；

3. 若 $\lambda_{ij}{}^m = 0$，$\lambda_{ji}{}^m > 0$ 或者 $\lambda_{ij}{}^m > 0$，$\lambda_{ji}{}^m = 0$，则系统 A 和系统 B 处于正向偏利共生。系统 A 与系统 B 尽管会使共生系统产生新能量，但能量的分配只惠及共生单元的一方，对另一方来说，既无所得，也无所失，因此，共生稳定性不高。

4. 若 $\lambda_{ij}{}^m = 0$，$\lambda_{ji}{}^m < 0$ 或者 $\lambda_{ij}{}^m < 0$，$\lambda_{ji}{}^m = 0$，则系统 A 和系统 B 处于反向偏利共生状态。由于系统 A 和系统 B 存在一个共生度小于零，根据共生能量生成原理，这种情况并不导致共生能量的产生。因此，系统 A 与系统 B 任何一方都无法从共生关系中获得利益，共生稳定性较低；

5. 若 $\lambda_{ij}{}^m = \lambda_{ji}{}^m < 0$，则 A 和 B 处于反向对称共生状态；若 $\lambda_{ij}{}^m \neq \lambda_{ji}{}^m < 0$ 则 A 和 B 处于反向非对称共生状态。无论是前者还是后者，子系统 A 与共生系统 B 在共生过程中均无法获得共生能源，在这种情况下，系统 A 和 B 不存在共生关系，系统之间的稳态性极差。

由上面的结论可以看出，由于 $\lambda_{ij}{}^m$，$\lambda_{ji}{}^m$ 是相互倒数，因此，对 $\lambda_{ij}{}^m$，$\lambda_{ji}{}^m$ 均大于 0 来说，则当两系统之间的共生度 $\lambda_{ij}{}^m = \lambda_{ji}{}^m = 1$ 时两系统之间协调共生的稳态性就越好，而且偏离 1 的数值越大说明

两子系统之间协调共生的稳态性就越差；对于 $\lambda_{ij}{}^m$，$\lambda_{ji}{}^m$ 均小于 0 来说，系统协调共生的稳态性均相对较差，从具体数值来看，当两系统的共生度偏离 -1 越大则说明两系统的稳态性越差。因此，依据上面的分析，可以构建如下区域 FEEEP 系统内部协调共生局部稳态系数：

$$k_{ij} = \begin{cases} \dfrac{1}{\lambda_{ij}{}^m}, & \lambda_{ij}{}^m \in (-\infty, -1) \cup (1, +\infty) \\ 0, & \lambda_{ij}{}^m = 0 \\ \lambda_{ij}{}^m, & \lambda_{ij}{}^m \in [-1, 0) \cup (0, 1] \end{cases} \quad (5.11)$$

其中 k_{ij} 即为子系统 i 和子系统 j 协调共生稳态系数，也是区域 FEEEP 系统内部协调共生局部稳态系数，i 和 j 分别为食物（S）、能源（N）、经济（J）、环境（H）和人口（R）五个子系统中的系统，$\lambda_{ij}{}^m$ 即为子系统 i 对子系统 j 的特征共生度。

（二）稳态性测度的实证分析

由于主质参量体现了区域 FEEEP 系统内部各子系统演化发展的本质，且在区域 FEEEP 系统内部演化关系中起着主导性的作用，因此分析区域 FEEEP 系统各子系统主质参量的演化路径及其协调共生的稳态性，可以从本质上揭示出区域 FEEEP 系统协调发展的内部演化规律及其存在的问题。同时，由于总量指标是系统主要特征的综合体现，因此从 FEEEP 问题的本质和区域 FEEEP 系统各子系统的特征来看，可以选取粮食总产量（S）、能源消费总量（N）、GDP 总量（J）、工业"三废"排放总量（H）和人口总量（P）作为区域 FEEEP 系统食物子系统、能源子系统、经济子系统、环境子系统和人口子系统的特征质参量，由于在工业"三废"排放中，废水的排放变化趋势较为平缓，因此在本文中主要选取工业废气（H_1）和工业固体废弃物（H_2）来代表环境子系统变动情况。

本章以 1978—2013 年中国改革开放三十六年来各子系统主质参量的数据为基础,对中国 FEEEP 系统内部协调共生的局部稳态性进行实证分析。上述各指标数据主要来源于《中国统计年鉴 2014》、《中国能源统计年鉴 2014》、《中国工业交通能源 50 年统计资料汇编(1949—1999)》、《中国环境统计资料汇编(1981—1990)》。由于缺少工业废气和工业固体废物的 2013 年数据,故此处的实证分析只到 2012 年。

从上述区域 FEEEP 系统内部协调共生均衡点的分析可以看出,对于 FEEEP 系统协调共生的内部演化关系来说,鞍点均衡是社会发展的主要目标,这也是区域 FEEEP 系统内部局部稳态均衡点,其存在的条件时两子系统的主质参量不但各自相互影响系数为正,即两系统存在良性的协调共生关系,而且两系统的综合协调发展效应也要大于1。将 1978—2012 年各子系统的主质参量的数据带入 5.5 式可得,各年子系统之间的影响系统均大于 0,且相互影响系统的乘积也均大于 1,说明在整体上中国自改革开放以来各年 FEEEP 系统均在鞍点路径上均衡发展,具有良性发展的态势。

为进一步考察中国 FEEEP 系统内部局部稳态发展程度,本节主要采用 5.11 式,测度改革开放以来中国 FEEEP 系统内部协调共生的局部稳态系数,具体结果如表 5.1 所示。

可以从表中看出稳态系数正负不一,但是从整体来看,正值偏多,且从 2004 年起稳态系数几乎都为正值。对该表的详细分析,结合下一节演化路径的实证进行综合分析。

表 5.1 1979—2012 年中国 FEEEP 系统内部协调共生局部稳态系数

年份	k_{SN}	k_{SJ}	k_{SH1}	k_{SH2}	k_{SP}	k_{NJ}	k_{NH1}	k_{NH2}	k_{NP}	k_{JH1}	k_{JH2}	k_{JP}	k_{H1P}	k_{H2P}
1979	0.28	0.64	0.58	−0.02	0.14	0.19	0.51	−0.08	0.47	0.37	−0.01	0.09	0.24	−0.16
1980	−0.83	−0.34	−0.63	0.18	−0.37	0.30	0.55	−0.21	0.42	0.54	−0.06	0.13	0.23	−0.50
1981	−0.98	0.14	0.23	−0.11	0.88	−0.17	−0.28	0.13	−0.95	0.60	−0.77	0.16	0.26	−0.12
1982	0.49	0.88	0.57	−0.65	0.17	0.56	0.86	−0.75	0.35	0.65	−0.74	0.20	0.30	−0.27
1983	0.69	0.68	0.59	0.19	0.14	0.48	0.85	0.28	0.20	0.40	0.13	0.10	0.24	0.74
1984	0.70	0.26	0.62	0.53	0.26	0.37	0.89	0.76	0.18	0.42	0.49	0.07	0.16	0.14
1985	−0.84	−0.28	−0.86	−0.97	−0.21	0.33	0.98	0.86	0.18	0.32	0.28	0.06	0.18	0.20
1986	0.60	0.24	−0.59	0.14	0.44	0.38	−0.94	0.22	0.28	−0.40	0.58	0.10	−0.26	0.06
1987	0.41	0.19	0.30	−0.29	0.51	0.40	0.65	−0.62	0.24	0.63	−0.65	0.10	0.15	−0.15
1988	−0.30	−0.11	−0.41	−0.56	−0.57	0.31	0.89	0.66	0.21	0.28	0.20	0.06	0.24	0.32
1989	0.81	0.27	0.24	0.55	0.43	0.31	0.20	0.47	0.36	0.06	0.15	0.11	0.55	0.78
1990	0.19	0.93	0.30	0.11	0.15	0.19	0.67	0.56	0.76	0.28	0.10	0.14	0.51	0.74
1991	−0.48	−0.15	0.33	−0.70	−0.53	0.31	−0.16	0.33	0.25	−0.05	0.10	0.08	−0.62	0.76
1992	0.32	0.08	0.28	0.35	0.66	0.22	0.79	0.99	0.23	0.28	0.23	0.05	0.18	0.23
1993	0.50	0.09	0.85	−0.11	0.38	0.20	0.55	−0.05	0.18	0.11	−0.01	0.04	0.32	−0.29
1994	−0.43	−0.07	−0.55	−0.07	−0.49	0.16	0.76	0.03	0.20	0.12	0.00	0.03	0.27	0.14

续表

年份	k_{SN}	k_{SJ}	k_{SH1}	k_{SH2}	k_{SP}	k_{NJ}	k_{NH1}	k_{NH2}	k_{NP}	k_{JH1}	k_{JH2}	k_{JP}	k_{H1P}	k_{H2P}
1995	0.71	0.19	0.48	0.88	0.20	0.27	0.68	0.63	0.14	0.39	0.17	0.04	0.10	0.23
1996	0.72	0.48	0.42	0.27	0.13	0.34	0.58	0.37	0.18	0.20	0.13	0.06	0.31	0.50
1997	0.36	−0.20	−0.91	0.07	−0.45	−0.07	−0.40	0.19	−0.81	0.18	−0.01	0.09	0.50	−0.15
1998	−0.90	0.53	0.53	0.17	0.27	−0.59	−0.59	−0.19	−0.24	0.99	0.32	0.14	0.14	0.04
1999	−0.65	−0.12	−0.17	0.39	−0.98	0.19	0.26	−0.61	0.66	0.74	−0.32	0.13	0.17	−0.40
2000	−0.40	−0.85	−0.98	−0.45	−0.08	0.34	0.40	0.88	0.20	0.84	0.39	0.07	0.08	0.18
2001	−0.59	−0.18	−0.12	−0.22	−0.36	0.31	0.20	0.38	0.21	0.64	0.83	0.07	0.04	0.08
2002	0.15	0.09	0.10	0.14	0.80	0.62	0.67	0.94	0.12	0.93	0.66	0.07	0.08	0.11
2003	−0.37	−0.44	−0.42	−0.91	−0.10	0.84	0.88	0.41	0.04	0.96	0.49	0.04	0.04	0.09
2004	0.55	0.50	0.45	0.45	0.07	0.91	0.83	0.83	0.04	0.91	0.91	0.03	0.03	0.03
2005	0.30	0.22	0.24	0.27	0.19	0.73	0.80	0.88	0.06	0.90	0.83	0.04	0.05	0.05
2006	0.30	0.18	0.13	0.23	0.16	0.61	0.42	0.76	0.05	0.68	0.81	0.03	0.02	0.04
2007	0.10	0.04	0.05	0.05	0.66	0.37	0.45	0.49	0.07	0.81	0.74	0.02	0.03	0.03
2008	0.72	0.30	0.75	0.65	0.09	0.21	0.96	0.47	0.13	0.22	0.45	0.03	0.13	0.07
2009	0.07	0.05	0.05	0.05	0.82	0.61	0.65	0.72	0.09	0.93	0.85	0.06	0.06	0.07
2010	0.49	0.17	0.15	0.16	0.16	0.34	0.31	0.33	0.08	0.93	0.98	0.03	0.03	0.03
2011	0.64	0.25	0.15	0.13	0.11	0.40	0.24	0.20	0.07	0.60	0.50	0.03	0.02	0.01
2012	0.57	0.33	−0.56	0.60	0.15	0.58	−0.98	0.34	0.09	−0.59	0.19	0.05	−0.09	0.26

三、区域 FEEEP 系统演化路径及协调共生局部稳态性实证分析

从上述的分析可以看出，由于主质参量体现了区域 FEEEP 系统内部各子系统演化发展的本质，且在区域 FEEEP 系统内部演化关系中起着主导性的作用，因此分析区域 FEEEP 系统各子系统主质参量的演化路径及其协调共生的稳态性，可以从本质上揭示出区域 FEEEP 系统协调发展的内部演化规律及其存在的问题。由于总量指标是系统主要特征的综合体现，因此从 FEEEP 问题的本质和区域 FEEEP 系统各子系统的特征来看，可以选取粮食总产量、能源消费总量、GDP 总量、工业"三废"排放总量和人口总量作为区域 FEEEP 系统食物子系统、能源子系统、经济子系统、环境子系统和人口子系统的特征质参量。本节主要在区域 FEEEP 系统的演化路径模型、区域 FEEEP 系统的协调共生模型及相关稳态性测度分析的基础上，以 1978—2013 年中国改革开放三十年来各子系统主质参量的数据为基础，从实证的角度分析了中国 FEEEP 系统各子系统演化路径的特征及其内部协调共生的局部稳态性。

（一）系统演化路径

依据 Verhulst 所构建的 Logistic 增长模型，区域 FEEEP 系统的演化路径数学模型可以用下式表示：

$$\begin{cases} \dfrac{\mathrm{d}X_t}{\mathrm{d}t} = r_t X_t \left(1 - \dfrac{X_t}{N}\right) \\ X_{(0)} = X_0 \end{cases} \quad (5.12)$$

解式 5.12 可得：

$$X_t = \frac{N}{1+\left(\frac{N-X_0}{X_0}\right)e^{-r_i t}} \tag{5.13}$$

若令 $C = \frac{N-X_0}{X_0}$，则依据式 5.13 可得：$X_t = \frac{N}{1+Ce^{-r_i t}}$。

本文借助 Eviews6.0 软件，采用非参数牛顿高斯迭代法对区域 FEEEP 系统各子系统的演化路径进行曲线拟合和参数估计，具体演化路径参数估计及相关检验如表 5.2 所示，各子系统演化路径如图 5.3 到图 5.8 所示。

表 5.2　区域 FEEEP 系统各子系统协调演化路径参数估计及检验

	食物系统	能源系统	经济系统	工业废气	工业固体废物	人口系统
N	6.7408 (6.0864)	369534261 (142.9845)	277.0951 (1.1186)	892739918 (29.7642)	290784771 (74.9801)	14.7754 (144.9095)
C	1.1075 (3.8399)	67549026 (15.7134)	515.6150 (1.1178)	372618806 (67.9843)	98007645 (67.4527)	0.5889 (68.6306)
r	0.0456 (2.8243)	0.0616 (58.0081)	0.0986 (33.6448)	0.1139 (6.5529)	0.06784 (17.5631)	0.0539 (32.5978)
$\overline{P}$	0.0000	0.0000	0.0000	0.0000	0.0000	0.0000
R-squared	0.8615	0.9816	0.9985	0.9667	0.9824	0.9984
Adjusted R-squared	0.8531	0.9804	0.9984	0.9643	0.9812	0.9983
Sum squared resid	2.7445	61.6427	1.2147	294.9056	33.9321	0.0907

表 5.2 中，从各子系统演化路径系数的相关检验值来看，R^2 值和调整后的 R^2 值均在 0.8 以上，其中经济子系统和人口子系统相对较高，均达到 0.99 以上，说明从整体上来看，各子系统演化路径模型的拟合程度较高，所得的各个子系统演化路径模型能很大程度上反映各子系统主质参量变动的趋势。表中 $\overline{P}$ 值显示，各子系统演化模型的估计参数在 5% 显著水平下均通过显著性检验，可见所得的各

子系统路径模型有较强的可靠性。

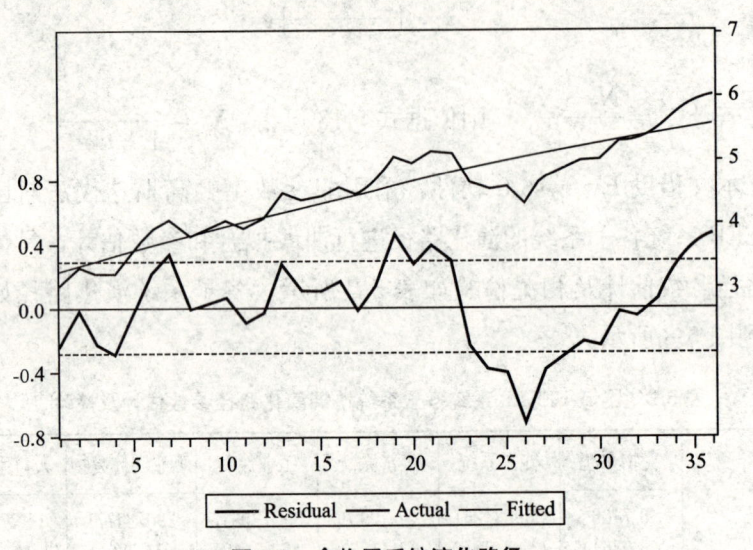

图 5.3 食物子系统演化路径

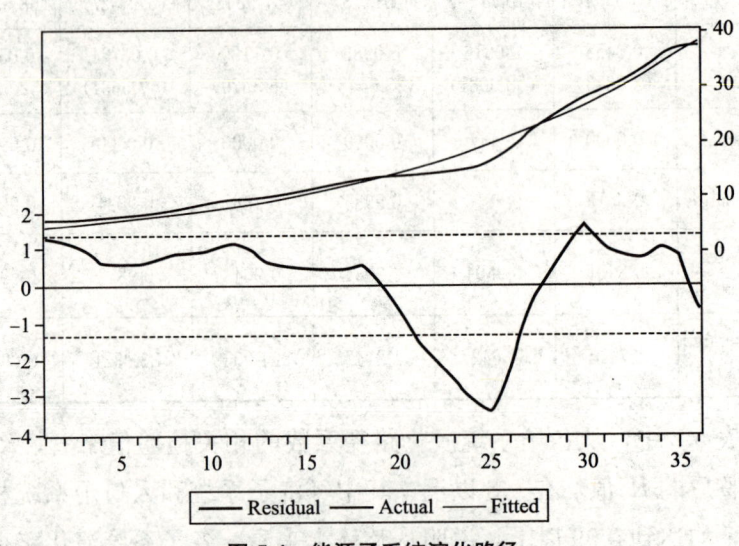

图 5.4 能源子系统演化路径

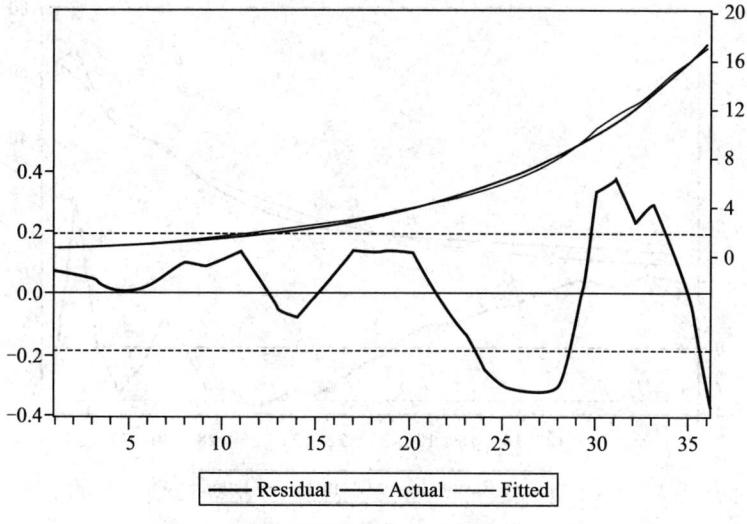

图 5.5 经济子系统演化路径

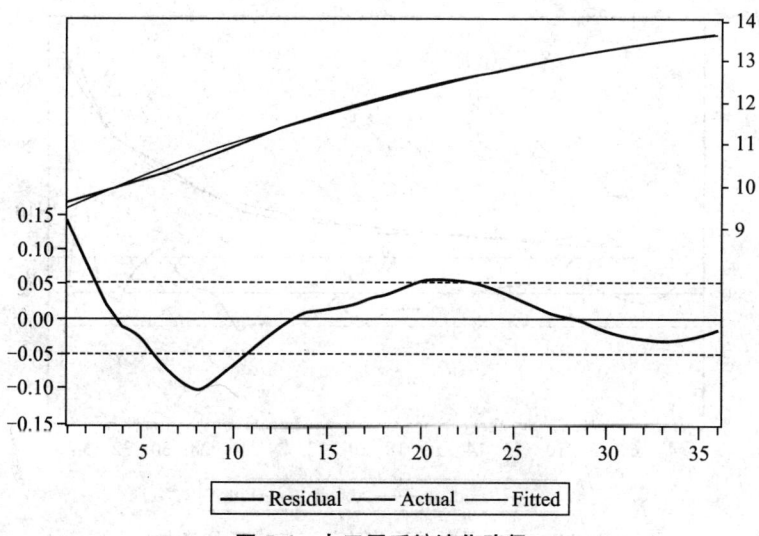

图 5.6 人口子系统演化路径

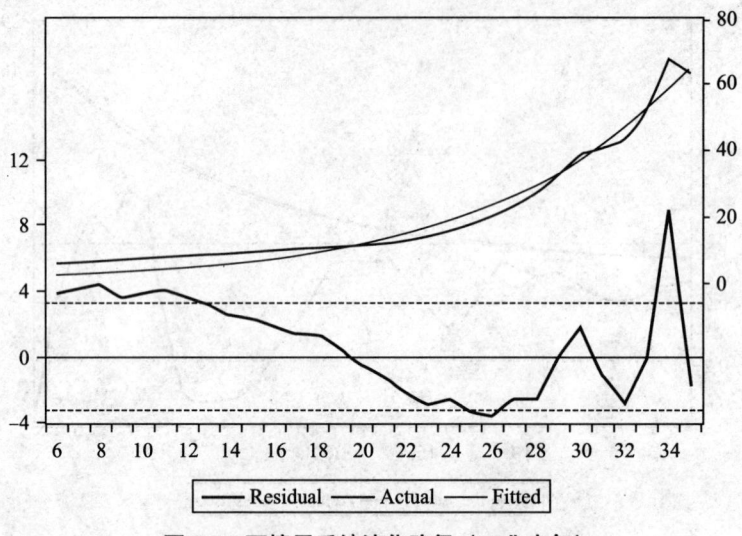

图 5.7 环境子系统演化路径（工业废气）

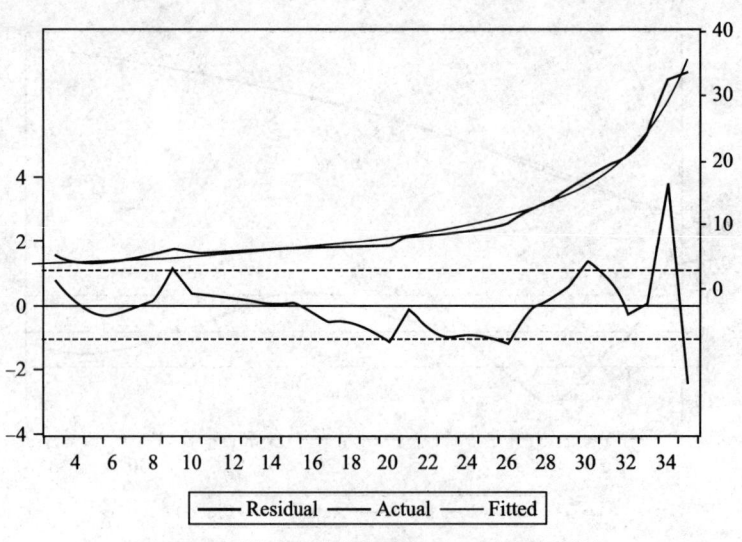

图 5.8 环境子系统演化路径（工业固体废物）

通过对上述各图的分析可得：整体上，各子系统演化路径均具有向上递增的演化态势，但各具体子系统所处的演化阶段不同，递增的程度也不一样。其中食物子系统和人口子系统演化趋势较为接近，在考察期早期两个子系统均具有快速递增的态势，但随着时间的推移，两子系统的增长态势有所减缓，至 2000 年之后两个子系统都趋于平稳的增长态势，且增长速度均相对较慢。根据表 5.1 系统演化曲线特征的分类可得，食物子系统和人口子系统均处于演化的成熟及衰退阶段，也即各子系统的主质变量趋于平稳上升且趋向于稳定。从具体原因来看，改革初期中国农业在国家政策的大力支持下取得较快的发展，粮食产量取得了快速的增长，这从图 5.3 中实际值也可以看出。但由于粮食生产技术水平及亩产量等一些影响粮食产量的因素随着国家政策的扶持而快速上升并达到较高的水平，且中国耕地面积又不断减少，因此在这些众多影响因素的影响下，粮食产量虽然总体也会具有一定的增长态势，但增长的速度相对较慢，最终会趋向于食物子系统潜在最大值的方向增长；对于人口子系统来说，由于人口众多一直是制约中国社会发展关键因素，因此政府很早就实行了诸如计划生育等一系列政策来控制人口的增长，但由于人口基数大，从总体上来看，中国人口自改革开放以来也一直处于增长的态势，但增长的趋势较为缓慢，因此也就形成了如图 5.6 的人口演化态势。

从能源子系统、经济子系统和环境子系统的演化路径来看，这三个子系统的演化路径在整体上均具有上凹的特征，即具有向上增长的态势。在考察期早期，这三个子系统均以缓慢的速度增长，但此时各子系统的加速度均快速递增，随着时间的发展，三个子系统演化路径呈快速递增的态势，特别是 2000 年以来各子系统增长迅速。其中从环境子系统的两个具体影响因素来看，工业废气的增长速度要大于工业固体废弃物的增长速度，可见工业废气将是影响环境的关键因素。依据表 5.1 系统具体的演化路径阶段的划分，这三个子系统均处于系统化的起步期，因此可以看出，若各子系统均按现有的态势发展，中国经济在快速增长的同时，能源消费和环境恶化均将呈指数增长的态势。

（二）局部稳态性分析

由表 5.1 结合本节的实证分析可以得出中国 FEEEP 系统内部局部稳态系数具有以下四个特征：

1. 在整体上，改革开放三十六年以来，中国 FEEEP 系统在大部分年份里均有正的内部局部稳态系数，说明从内部局部稳态性来看，中国 FEEEP 系统沿着鞍点均衡的稳态性相对较强。从具体系统内部局部稳态系数值可以看出，稳态系数相对较低时食物子系统对其他子系统的关系，其稳态系数为负值的均有十个年份左右，而相对较高的稳态系数的是经济子系统与其他子系统之间的关系，其中经济与人口两个子系统从 1979 年以来其稳态系数均为正值，其他子系统之间的稳态系数为负值的年份也相对较少，约五到六年左右。由此可见，在鞍点均衡路径上中国 FEEEP 系统在协调发展过程中内部具有较强的局部稳态性；

2. 从系统稳态系数为负值的具体年份分布来看，食物子系统与其他子系统内部局部稳态系数为负值的主要集中在 1999 年至 2003 年之间，在改革开放早期则呈现间歇出现负值的现象，但是具有负值的年份相对较少，而自 2004—2011 年以来则具有正的稳态系数，2012 年又出现了负的稳态系数；对于环境子系统与其他子系统来说，其稳态系数为负值的年份主要集中在改革开放早期，而自 2000 年以后系统的稳态系数基本大于 0，但是在 2012 年出现了负值。从具体数据来看，其他类型系统之间的协调共生稳态性也在 2000—2011 年均有正的稳态系数，但是到 2012 年有的会出现负的稳态系数。进一步说明随着国家可持续发展政策的实施，中国 FEEEP 系统内部子系统之间的均衡发展稳态性较强，但是在持续发展有成效的同时，不能疏忽，以至于出现 2012 年的负值稳态系数。

3. 从均衡系数具体值的变化态势来看，虽然在整体上 2013 年以来各子系统之间的稳态几乎为正值,产生正面的影响效应,其中经济子系统与环境子系统之间的稳态系数相对较高,而人口子系统与其他子系统协调共生的稳态系数相对较低。但是从具体值来看,系统局部稳态系数值均有所下降,即偏离最佳稳态系统1的距离越来越大,说明系统内部存在不稳定因素,其稳态性也有进一步变差的态势。

4. 从各类局部稳态系数值的大小来看,经济子系统与环境子系统之间的稳态系数相对较高,而人口子系统与其他子系统协调共生的稳态系数则相对较低。从具体值来看,经济子系统的主质参量与环境子系统两个主质参量之间稳态系数2010年分别为0.93和0.98,2011年分别为0.60和0.50,2012年分别为－0.59和0.19。说明经济子系统与环境子系统的发展内部稳态性在2011年之前较好,但是2012年又出现了恶化。一定的环境污染是经济增长所必需的前提,但从这两个系统稳态系数的具体来源来看,其含义指的是在一定的时间下单位环境因素所带来的经济水平的增长,因此可以看出,从目前中国经济发展的实际来看,虽然经济子系统与环境子系统是按鞍点均衡路径演化,且具有较为稳定的演化关系,但中国环境单位投入所带来的经济增长从总体上来看还是相对较低的,之所以经济子系统与环境子系统之间的稳态系数较大也是和中国目前以环境污染为代价的经济增长方式有着密切联系;从人口子系统与其他子系统来看,除人口子系统与食物子系统的稳态系数相对较高外,与其他子系统之间的稳态系数均相对较小,在0.03左右,说明人口子系统与其他子系统虽然也存在正向的相互影响,但这种影响所带来的整体效用相对较小,这是和人口子系统人口数量很难在短期内下降所导致的。

四、本章小结

通过区域 FEEP 系统协调共生演化的理论与实证分析，可以得出以下三个结论：

1. 区域 FEEEP 系统在经济增长机制和生态平衡机制共同作用下，沿着具有典型 S 型 Logistic 曲线的方向演化发展，其内部协调共生存在两类均衡点：一类是趋于消亡的恶性均衡点，即平凡均衡点；另一类是趋于稳定的良性均衡点，即鞍点。其中鞍点均衡的条件是系统间的综合协调发展效应大于 1，且系统之间相互影响系数大于零。

2. 改革开放三十多年来，中国 FEEEP 系统各子系统在总体上均具有上升的演化态势，但各子系统的演化路径具有较大的差异性，其中食物子系统和人口子系统具有较为相近的演化特征，这两个子系统均处于演化的成熟及衰退阶段，即趋于平稳上升且趋向于稳定的阶段，从具体趋势来看这两个子系统在早期均具有快速递增的态势，但随着系统的发展两子系统的增长态势有所减缓并趋向于稳定；而能源子系统、经济子系统和环境子系统的演化趋势在整体上具有较强的一致性，均具有上凹的特征，即具有向上增长的态势，但在早期，三个子系统均增长速度均相对较慢，但其加速度均快速递增，随着系统的发展，三个子系统演化路径呈快速递增的态势，特别是 2000 年以来各子系统增长尤为迅速。

3. 改革开放三十多年来中国 FEEEP 系统均沿着鞍点均衡路径演化发展，但从具体 FEEEP 系统协调共的内部局部稳态性来看，FEEEP 系统沿鞍点均衡路径演化的稳态性差异性较大。从总体上来看，中国 FEEEP 系统内部局部稳态系数大部分年份都大于 0，因此系统沿着鞍点均衡的稳态性也相对较强；但从具体各类型的稳态系数来看则各类型系统间的稳态性差异较大，其中食物子系统与其他子系统在早期沿鞍点路径演化的稳态程度具有较大的波动性，在1999年至2003年之间的稳态性较差，但随后则又具有较强的稳态性；而环境子系统与其他子系统在改革开放早期的稳态性均较差，自2000年以后其稳态性均较强，并产生正的相互影响效应；从各类局部稳态系数值的大小来看，经济子系统与环境子系统之间的稳态系数相对较高，而人口子系统与其他子系统协调共生的稳态系数则相对较低。

第六章

区域 FEEEP 系统协调发展对策分析

可持续发展是我国近年来经济发展所遵循的一个不变的主题。随着经济的快速发展，经济、人口、环境、能源、食物五个子系统的整体综合水平有所提高。但从前面的研究可以看出，各子系统的协调度不是很高，甚至有些系统的发展水平处于衰退状态。而区域 FEEEP 系统的协调程度是由各子系统内部协调度所决定的。基于这个前提，为有效防止 FEEEP 系统问题对中国经济与社会带来潜在的不良影响，本章从内部子系统协调发展与整体系统协调发展出发，为解决我国经济发展同人口、环境、食物、资源的矛盾提出相应建议。

一、内部子系统协调发展

（一）食物子系统协调发展对策

食物是人类赖以生存的基础，是关乎人类生存与经济发展的重要问题，通过食物子系统对系统协调发展影响来看，要提高食物子系统的协调发展能力。本小节将从粮食产量、市场体系、食品安全等方面提出相应建议。

1. 提高粮食产量

我国人口数量增长显著下降并没有减轻人口对粮食带来的压力。因此，如何在保证粮食质量的情况下增加粮食总产量是缓解我国粮食短缺的主要解决方法。现阶段，政府通过农业补贴等方式，有效地提高了我国粮食产量，但同时也极大地加重了财政负担。为了从根本上提高国家粮食综合生产能力，需要做到以下几点：

防止耕地面积的进一步减少。通过前面的数据可以发现，近年来，人均耕地面积的进一步减少是粮食产量减少的根本原因。因此，防止耕地面积的减少是保障粮食产量的重要措施。

努力提高农业机械化水平，推广农业科技的应用力度。由于粮食产量的主要影响因素是农业机械总动力与化肥使用量，因此在提高农业机械化水平的基础上，需要扩大农业科技人员数量，提高农业科技人员的素质，做到农技人员直接到户，良种良方直接到田，技术要领直接到人，以提高粮食的亩产能力。

健全农业从业人员的收入制度。为保障农业人员收入，需要改善国家对农业人员的补贴模式、提高补贴的标准，将补贴政策制度化，确保补贴制度有相应的法律保护。

2. 完善市场体系

防范市场风险是粮食生产持续稳定发展的又一条件，同时能够很好地保障农民的利益。

完善市场体系需要做到以下几点：

建立信息对称、公平竞争的粮食流通市场；完善粮食期货市场，充分发挥期货市场价格引导与规避风险的作用；有效利用粮食储备的吞吐调节手段，从而控制市场粮食价格的波动，稳定粮食价格。

3. 确保食品安全

食品安全是人民群众健康与生命安全的重要保障，同时是经济发展与社会稳定的前提条件。自 2008 年"三鹿奶粉"事件发生以来，我国政府对食品的安全高度重视，于 2009 年出台了《中国食品安全法》，从法律方面健全对食品安全的保护。为确保食品的安全供应，与食品生产管理相关的行政体制也需要进行改革，因此，体制改革与法制保障相结合，才能真正保障人民的相应权益。

（二）能源子系统协调对策

从前面的分析可以看出，能源子系统的综合水平虽然呈现上升趋势，但我国能源的综合压力仍然较大。我国经济的迅速增长，带来的是能源短缺与能源需求过高的矛盾。如何根据我国具体国情，在资源较少的情况下，使我国经济实现可持续发展，需要从以下几个方面加以实施。

1. 建立能源价值体系

由于人们对自然资源的错误认识，认为自然资源是取之不尽、用之不竭的。受这种观念的影响，在日常生活中出现产品高价、原料低价、资源无价的现象。自然资源的"无价值"观念使得我们对经济评价失真，人们对自然资源不合理利用，造成资源利用效率降低，资源浪费等现象，威胁到当代经济社会的可持续发展。能源的价值体系应该包括能源有价，能源合理定价两个方面。根据经济学理论，受供求关系影响，稀有资源价格高于其他比较富足的资源，价格的变化引起一系列变化，从而形成新的价格体系。

2. 开源

应对能源挑战首先要开源。主要需要做到加大能源行业投资力度，拓宽海外能源供应渠道，发展新能源产业。加大能源投资是加快国内能源行业发展，提高国内勘探新能源与新技术的重要基础，也是能源安全供应的重要保障。2014年中国原油对外依存度上升到59.6%，拓宽海外能源供应渠道是能源有效供应、国家经济发展的重要保障。发展新能源产业是新世纪经济发展所提出的必要要求，从经济发展的战略上考虑，我国应大力开发太阳能、风能、地热能等新兴能源，调整能源结构，逐步减少传统能源煤炭等在能源消费结构中的比例，以减少环境污染、减缓资源枯竭。

3. 节流

应对能源挑战不仅要开源，还要节流，合力控制能源消费总量。

"合理控制能源消费总量，应以经济与行政手段有效地结合，双管齐下。""十二五"规划纲要明确要求，要合理控制能源消费总量，加快制定能源发展规划，严格用能管理，确立总量控制的目标，完善任务分解落实机制。合理控制能源消费总量，要充分发挥经济手段，特别是市场机制的作用，使合理消费成为全社会的自觉行为。经济手段主要包括能源价格、配额交易机制、财税金融政策、税收能源管理、合同能源管理等。利用这些手段，可以发挥价格杠杆的作用，抑制不合理需求，提高能源生产和利用效率，引导资源优化配置，改变敞开用能的局面。在充分发挥经济手段作用的同时，我国还需配套必要的行政手段。行政手段主要是确立约束目标，合理控制能源供应，强制淘汰落后产能。

（三）环境子系统协调对策

在前文的实证研究中，环境子系统是 FEEEP 整体系统协调度提高的关键因素。在分析过程中，工业三废的排放是制约环境子系统协调发展的重要因素。因此，为减少工业三废的排放，我们需要做到以下几点：

1. 加快产业结构优化

由于不同产业污染程度不同，对环境的污染影响程度也是不同的。按污染强度来看，第二产业排污强度最大，第三产业则是最小的。如果产业结构能够由资源消耗型、污染密集型向知识密集型转换，污染程度会有所下降。因此在社会稳定发展的前提下，调整产业结构、促进结构内部优化，同时，发展循环经济，建设生态工业，形成稳定的产业互补生态链，从根本上控制与解决环境污染。

2. 提高公众参与环保的积极性

要提高公众对环保工作的热情，首先要加大对环保工作的宣传，让公众充分了解自身的环境保护的权力，以便充分使用这些权力。其次是提高环境信息的透明度，这是公众了解与监督环保工作的必要条件。早从 1999 年开始,我国就采用了环境信息公开化这一有效措施,截止目前为止,各市均陆续实施这一措施。如江阴市 2002 年开始实行的企业环境行为公开化制度;张家港市乡镇政府实施环境行为信息公开化制度,让企业、政府等部门在环境行为方面接受公众的监督。

3. *建立环保融资体系,构建循环利用的生产和消费体系*

经济发展不可避免的带来能源的利用,而化石类能源为主的能源利用将导致工业三废的排放。加大环保的投资力度是减少工业三废排放、加强环境污染的治理能力、提高环境污染的重要手段。循环利用的原理是指生产和消费过程中形成"资源-产品-再生资源"的物质反复循环过程,即在物质的生产和消费过程中实现循环利用,尽量不产生或少产生废物,最终实现"低消耗、高利用、低排放"的资源可持续利用,实现 FEEEP 协调发展的核心要求。

4. *严格执行环境管理制度*

在运用环境管理制度时,不能只是偏重于传统的行政手段、经济手段,需要与法律手段、科技手段等综合使用,以达到最佳环境管理效果。要加大对环境的保护力度,需要做到落实环境税收体系、污染物排放总量控制制度、完善排污交易制度、环保目标考核以及责任追究制度等环保制度。从源头上控制污染源,促进产业结构、区域结构的优化。

(四)人口子系统协调对策

从第二章 FEEEP 系统的特征及内部结构的分析可以看到,FEEEP 系统是以人类活动为中心的复合系统,其他四个如食物、环境、资源、经济等子系统均是由人口子系统衍生出来的系统,人口子系统的协调与发展是其他几个子系统能够协调发展的前提条件,且人口子系统与其他四个系统直接相关,其他子系统也是围绕人口子系统而存在;从第四章可以看出,人口子系统是制约 FEEEP 系统协调发展最关键的子系统。从前文的研究可以看出，为使人口子系统协调发展，我们需要做到以下几点：

1. 稳定低生育水平

庞大的人口数量一直是中国国情最显著的特点之一，它对中国经济社会发展产生多方面影响，在给经济社会的发展提供了丰富的劳动力资源的同时，也给经济发展、社会进步、资源利用、环境保护等诸多方面带来沉重的压力。过去虽然由于计划生育政策的实施，使得人口增长率处于增幅较低的水平。但由于中国人口基数大，人口增长的绝对数仍然很大。从前面可以看出，人口的总量与人口子系统协调发展呈现负相关。由此可见，控制人口增幅是必要的一项措施。因此，需要继续实施计划生育政策，稳定低生育水平，控制人口数量。

2. 提高人口素质

虽然人口健康与科学文化水平近年来都有较大的提升，但从总体上讲，中国人口健康素质与中国人口科学文化素质的仍然不高。从人口健康素质来讲，我国需要大力发展医药、卫生、保健和体育事业等，这不但有助于提高人口的身体素质，而且也有助于优化区域的产业结构；从科学文化素质来讲，需要加大对教育事业的投资力度，这是提高科学文化素质的基础；同时，需要加大对专业人才的培育力度，特别是能源环境的专业人才，从FEEEP总体协调度来讲，培育能源环境的专业人才不仅是提高科学文化素质，更是节能减排措施能够实施的保障；其次，注意高层次领军人才的示范效应。培养各领域的领军人才有利于带动该领域的发展，同时，有利于总体社会人口素质的提高。

3. 优化人口结构

当前中国人口社会抚养比较低，劳动年龄人口比重大，劳动力资源丰富，为经济快速发展提供了强大的动力，但庞大的劳动年龄人口也给就业带来了巨大的压力；同时，中国老龄化呈现速度快、规模大、"未富先老"等特点，对未来社会抚养比、储蓄率、消费结构及社会保障等产生重大影响；再有，人口性别比逐步升高也给人口结构带来了巨大的压力。因此，产业结构调整，大力发展第三产业，加强社会保障，防止人工控制性别，倡导男女平等等是目前优化人口结构的有力措施。

4. 引导人口合理分布

庞大的流动迁移人口对城市基础设施和公共服务构成巨大压力。流动人口就业、子女受教育、医疗卫生、社会保障以及计划生育等方面的权利得不到有效保障，严重制约着人口的有序流动和合理分布，统筹城乡、区域协调发展面临困难。为形成人口的合理流：传统的户籍管理模式严重阻碍了人口的合理流动，造成了资源的不合理利用。因此，需要实现人口信息化管理模式。根据我国目前的具体国情，东部地区的人口密度远远高于西部，促进西部人口的稳定、增加，不仅能减轻东部地区人口密度大带来的压力，也能为西部的发展提供更多的劳动力保证。

（五）经济子系统协调对策

从前面章节的分析可以看出，近年来，中国经济总量取得了长足的增长，但经济结构与经济质量对子系统的协调发展影响仍然较低，中国的经济发展仍未摆脱粗放的经济发展模式，综合人口、能源、环境、食物其他四个子系统，本文提出如下对策。

1. 调整产业优化结构

煤炭在能源中消费比例的过高决定着中国重工业的增加值在GDP中的比重的增加，这导致经济发展迅速的情况下，对资源的能耗也在持续增加，因此，如何调整产业结构，降低重工业在GDP中的比重，提高第二、第三产业的比重，是实现健康经济的关键。

2. 大力提高劳动者素质

加强劳动者的职业技能培训，提高其思想道德修养、科学文化水平及民主法制观念等，从各方面提高劳动者整体素质，为加快经济建设速度与推动社会进步提供智力支持，是经济系统协调的重要保障。

3. 消除区域经济发展差异

从前面的结论可以看出，FEEEP系统技术效应的影响水平主要取决于各地区水平的初始条件，从而对FEEEP系统协调发展也有着重要的影响。即各地区区域经济发展的初始差异是导致经济发展不均衡的一个重要原因，而区域经济水平差异是中国区域经济的特点，因此消除区域经济差异是提高区域发展能力的一个重要方面，是经济子系统得以协调发展的基础。

二、整体系统协调发展对策

由本书第三章与第四章的实证研究结果中可以发现，环境子系统协调发展对FEEEP系统综合协调发展影响是最大的，而经济子系统与环境子系统相协调，能源子系统通过环境子系统作用于FEEEP。基于以上结果，实施节能战略，控制"三废"总量的排放，提高经济发展总量是整体系统发展对策的核心内容。本小节将从经济子系统与环境子系统协调、能源子系统与环境子系统协调两个方面进行讨论。

FEEEP是一个复合系统，可以运用协同学原理，根据当前可持续发展的期望目标对整体系统实施有效管理，通过实现系统协调产生协同效应，在实现系统的整体性功能后，系统的整体性功能是由各子系统耦合形成新的整体效应，这种耦合能使整体功能倍增，远远超过各子系统功能之和。

（一）生态补偿（经济与资源环境）

为实现FEEEP系统的可持续发展，需要通过一定的行为与手段来解决环境问题或减缓生态环境的恶化。生态补偿是指为了防止环境恶化，通过实现经济与环境的协调与可持续发展的一种方法，不仅包括对环境造成污染的经济主体作出补偿，也包括为恢复生态环境而付出一定代价的经济主体所作出的补偿。

生态补偿原则是"谁开发谁保护，谁破坏谁恢复，谁受益谁补偿，谁污染谁付费"。

1. "谁开发谁保护，谁破坏谁恢复，谁污染谁付费"

环境与资源是人类共同的财富，任何人都有平等使用的权力；同样，任何经济主体对资源与环境的利用与破坏，都需要承担相同的责任。

2. "谁受益，谁补偿"

污染者付费并不适用于所有的环境问题，很多情形下资源与环境的价值在市场上无法得到实现。很多资源与环境的价值是无形的，很多收益者可以此为由，拒绝对资源与环境进行补偿。

（二）共生机制（资源与环境）

资源子系统与环境子系统的"共生机制"是指开发者治理、破坏者赔偿的机制。由于资源开发者、环境破坏者大多是市场主体，在经济社会中，市场主体的权利和义务是对等的，市场主体通过在参与市场活动的过程中签订明确自己的权利与义务方面的合同，来享受对资源与环境的权利，同时承担相应义务。

构建资源开发与环境保护的"共生机制"，与"生态补偿机制"有其相似之处。将资源与环境当成资产来进行相应管理，让受益者向所有者或保护者缴费。建立有效的约束激励机制，利用经济手段约束经济主体节能减排。坚持资源开发与环境保护并重，确保资源开发力度在环境的自我恢复能力内，以促进环境与资源的协调发展。

附表

附表一 1978—2013年中国FEEEP系统协调发展水平

	Y_{11}	Y_{12}	Y_{13}	Z_1	Y_{21}	Y_{22}	Y_{23}	Z_2	Y_{31}	Y_{32}	Y_{33}	Z_3
1978	−1.23	−1.49	−2.04	−1.58	−1.01	0.94	−1.26	−1.11	−0.70	−1.84	−0.93	−1.06
1979	−1.17	−1.42	−1.47	−1.38	−0.99	0.90	−1.21	−1.08	−0.70	−1.92	−0.93	−1.08
1980	−1.33	−1.33	−1.78	−1.50	−0.99	0.78	−1.18	−1.04	−0.69	−1.93	−0.92	−1.07
1981	−1.37	−1.22	−1.73	−1.48	−0.99	0.63	−1.09	−0.98	−0.69	−1.60	−0.91	−1.00
1982	−1.24	−1.17	−1.13	−1.24	−0.96	0.51	−1.03	−0.92	−0.69	−1.45	−0.90	−0.96
1983	−1.11	−1.16	−0.51	−1.02	−0.93	0.47	−0.70	−0.81	−0.69	−1.32	−0.89	−0.93
1984	−0.98	−1.10	−0.14	−0.84	−0.88	0.41	−0.81	−0.80	−0.68	−1.38	−0.87	−0.94
1985	−1.13	−0.87	−0.78	−1.00	−0.82	0.39	−0.83	−0.76	−0.68	−1.29	−0.85	−0.91
1986	−1.01	−0.99	−0.67	−0.96	−0.78	0.46	−0.73	−0.74	−0.67	−0.80	−0.83	−0.80
1987	−0.88	−0.98	−0.52	−0.85	−0.74	0.50	−0.88	−0.75	−0.66	−0.75	−0.81	−0.77
1988	−0.92	−0.90	−0.82	−0.92	−0.69	0.55	−1.02	−0.76	−0.65	−0.61	−0.77	−0.73
1989	−0.74	−0.95	−0.69	−0.82	−0.64	0.67	−0.80	−0.71	−0.64	−0.52	−0.75	−0.70
1990	−0.44	−0.59	−0.01	−0.42	−0.62	1.09	−0.80	−0.80	−0.63	−0.29	−0.74	−0.64
1991	−0.41	−0.53	−0.30	−0.44	−0.59	1.20	−1.06	−0.87	−0.62	−0.08	−0.71	−0.58
1992	−0.40	−0.31	−0.19	−0.33	−0.54	1.16	−1.03	−0.81	−0.60	0.10	−0.66	−0.52
1993	−0.39	−0.30	0.01	−0.27	−0.47	1.05	−0.52	−0.62	−0.57	0.18	−0.60	−0.46
1994	−0.39	−0.23	−0.27	−0.32	−0.39	0.85	−1.03	−0.63	−0.51	0.29	−0.51	−0.38

175

续表

	Y_{11}	Y_{12}	Y_{13}	Z_1	Y_{21}	Y_{22}	Y_{23}	Z_2	Y_{31}	Y_{32}	Y_{33}	Z_3
1995	−0.16	−0.18	0.08	−0.11	−0.29	0.48	0.76	−0.10	−0.46	0.36	−0.41	−0.30
1996	0.20	−0.19	1.07	0.32	−0.21	0.72	0.90	−0.08	−0.42	0.30	−0.32	−0.27
1997	0.28	−0.09	0.78	0.31	−0.17	0.43	−0.05	−0.17	−0.38	0.47	−0.26	−0.19
1998	0.51	0.00	1.03	0.51	−0.22	0.40	−0.19	−0.22	−0.35	0.77	−0.19	−0.09
1999	0.58	0.16	0.90	0.56	−0.20	0.77	0.09	−0.23	−0.32	0.89	−0.12	−0.02
2000	0.40	0.56	0.08	0.38	−0.18	−0.02	0.19	−0.02	−0.26	0.88	−0.01	0.04
2001	0.35	0.78	−0.09	0.38	−0.15	−0.03	0.19	0.02	−0.21	0.98	0.08	0.12
2002	0.35	0.94	0.00	0.45	−0.10	−0.44	0.33	0.17	−0.13	1.01	0.19	0.20
2003	0.13	1.21	−0.44	0.32	0.09	−0.57	0.86	0.41	−0.01	0.99	0.34	0.31
2004	0.42	1.11	0.21	0.60	0.36	−1.01	1.26	0.75	0.15	0.87	0.51	0.42
2005	0.66	1.00	0.36	0.71	0.62	−0.89	1.11	0.83	0.33	0.75	0.73	0.57
2006	0.59	1.04	0.56	0.75	0.85	−0.93	1.05	0.95	0.52	0.64	0.98	0.73
2007	0.73	1.09	0.57	0.83	1.09	−0.92	0.98	1.07	0.75	0.74	1.30	0.98
2008	1.09	1.26	0.82	1.12	1.39	−1.00	0.96	1.23	1.05	0.85	1.08	1.09
2009	1.31	1.21	0.79	1.20	1.69	−1.30	1.17	1.51	1.26	1.08	1.28	1.31
2010	1.57	1.29	0.78	1.34	1.97	−1.82	1.42	1.84	1.68	1.01	1.59	1.63
2011	1.84	1.40	1.19	1.61	2.16	−1.87	1.37	1.95	2.08	0.98	1.98	1.97
2012	2.06	1.52	1.23	1.76	2.20	−2.15	1.32	2.04	2.46	0.98	2.27	2.26
2013	2.20	1.52	3.13	2.33	2.12	−2.38	2.28	2.25	3.32	0.69	2.54	2.75

续 表

年份	Y_{41}	Y_{42}	Y_{43}	Y_{44}	Z_4	Y_{51}	Y_{52}	Y_{53}	Z_5	Z
1978	1.29	0.89	−1.37	−1.84	−1.46	−1.88	−1.74	−0.93	−1.51	−1.35
1979	1.23	0.46	−1.34	−1.71	−1.33	−1.80	−1.65	−0.87	−1.43	−1.27
1980	1.18	0.63	−1.30	−1.58	−1.29	−1.70	−1.54	−0.88	−1.38	−1.27
1981	1.15	0.57	−1.26	−1.45	−1.23	−1.59	−1.49	−1.09	−1.42	−1.22
1982	1.14	0.48	−1.14	−1.23	−1.12	−1.46	−1.44	−1.16	−1.40	−1.13
1983	0.98	0.51	−1.07	−0.75	−0.92	−1.36	−1.45	−0.93	−1.26	−1.00
1984	0.93	0.52	−1.04	−0.61	−0.86	−1.24	−1.25	−0.88	−1.14	−0.94
1985	0.97	0.50	−1.01	−1.10	−1.00	−1.11	−1.21	−0.96	−1.13	−0.98
1986	0.89	0.46	−0.90	−0.97	−0.90	−0.99	−1.14	−1.04	−1.11	−0.91
1987	0.79	0.96	−0.77	−1.60	−1.07	−0.86	−0.87	−1.10	−1.02	−0.91
1988	0.68	0.44	−0.76	−0.65	−0.70	−0.73	−0.80	−1.00	−0.91	−0.80
1989	0.52	0.23	−0.73	−0.64	−0.59	−0.62	−0.81	−0.92	−0.84	−0.73
1990	0.51	0.41	−0.58	−0.23	−0.47	−0.19	−0.09	−0.84	−0.47	−0.57
1991	0.30	0.41	−0.47	−0.17	−0.34	−0.10	0.08	−0.70	−0.33	−0.51
1992	0.31	0.37	−0.39	−0.41	−0.38	−0.01	0.39	−0.55	−0.16	−0.45
1993	0.27	−0.06	−0.32	−0.46	−0.30	0.07	0.48	−0.53	−0.10	−0.36
1994	0.22	0.21	−0.31	−0.26	−0.27	0.15	0.51	−0.48	−0.04	−0.32

续表

年份	Y_{41}	Y_{42}	Y_{43}	Y_{44}	Z_4	Y_{51}	Y_{52}	Y_{53}	Z_5	Z
1995	0.23	0.61	−0.29	−0.03	−0.26	0.22	0.67	−0.37	0.07	−0.17
1996	0.09	0.28	−0.21	0.03	−0.12	0.31	0.93	−0.32	0.19	−0.04
1997	0.00	1.96	−0.15	0.28	−0.27	0.39	0.77	−0.20	0.24	−0.05
1998	0.43	0.68	−0.02	0.31	−0.18	0.47	0.67	−0.07	0.29	0.04
1999	0.28	0.15	0.01	0.37	−0.02	0.54	0.53	0.08	0.36	0.12
2000	0.13	0.38	0.26	0.67	0.14	0.61	0.43	0.26	0.44	0.19
2001	−0.03	0.18	0.60	1.04	0.42	0.68	0.59	0.42	0.57	0.31
2002	−0.13	−0.05	0.67	1.04	0.51	0.74	0.66	0.55	0.67	0.41
2003	−0.26	−0.25	0.77	0.74	0.53	0.80	0.69	0.72	0.78	0.47
2004	−0.49	−0.27	0.82	0.75	0.64	0.86	0.76	0.81	0.86	0.64
2005	−0.70	0.00	0.84	0.97	0.74	0.92	0.85	0.87	0.93	0.75
2006	−1.07	0.03	0.85	1.06	0.89	0.97	0.89	0.98	1.01	0.87
2007	−1.26	−0.34	0.89	1.09	1.04	1.02	0.92	1.08	1.08	1.02
2008	−1.25	−0.90	1.29	1.13	1.24	1.05	−0.85	1.21	0.67	1.11
2009	−1.36	−1.16	1.34	1.26	1.37	1.09	1.08	1.37	1.29	1.35
2010	−1.82	−1.77	1.50	1.23	1.67	1.15	1.27	1.62	1.47	1.62
2011	−1.97	−1.79	1.49	1.46	1.78	1.19	1.35	1.81	1.59	1.82
2012	−2.01	−2.09	1.67	1.47	1.89	1.23	1.38	1.93	1.67	1.99
2013	−2.19	−3.64	2.43	0.79	2.22	1.18	0.44	2.12	1.49	2.29

附表二 1978—2013年中国FEEEP系统各子系统内部协调度

年份	食物子系统	能源子系统	经济子系统	环境子系统	人口子系统
1978	/	/	/	/	/
1979	0.601116	0.44767	0.632168	0.200699	0.6658
1980	0.770153	0.449479	0.629099	0.28279	0.647696
1981	0.766618	0.464559	0.55171	0.287524	0.624482
1982	0.653726	0.522481	0.675501	0.294788	0.769075
1983	0.74473	0.506921	0.726658	0.292336	0.815028
1984	0.691264	0.55718	0.775382	0.374187	0.775459
1985	0.514239	0.619361	0.751789	0.331294	0.796045
1986	0.767897	0.626671	0.661221	0.37315	0.836329
1987	0.835827	0.608596	0.930624	0.306711	0.822972
1988	0.743812	0.581313	0.901015	0.172532	0.857672
1989	0.87637	0.536172	0.895058	0.428299	0.843299
1990	0.748887	0.470904	0.830467	0.518469	0.707701
1991	0.672513	0.428199	0.798144	0.503523	0.686969
1992	0.854761	0.411121	0.756565	0.597068	0.6551
1993	0.855987	0.342689	0.740843	0.564551	0.677125
1994	0.757474	0.406773	0.729619	0.687753	0.662766
1995	0.339933	0.205804	0.719211	0.659334	0.653595

续 表

年份	食物子系统	能源子系统	经济子系统	环境子系统	人口子系统
1996	0.631515	0.507377	0.698305	0.534406	0.619031
1997	0.537335	0.355451	0.737935	0.433397	0.566771
1998	0.696538	0.755859	0.665666	0.288373	0.633919
1999	0.6398	0.637161	0.645132	0.432164	0.664624
2000	0.512955	0.414783	0.622155	0.687478	0.735381
2001	0.731518	0.850952	0.657617	0.612136	0.858788
2002	0.695842	0.698724	0.647955	0.59027	0.882821
2003	0.54194	0.559712	0.640098	0.514338	0.875232
2004	0.420967	0.412178	0.635422	0.519053	0.93342
2005	0.613976	0.354682	0.675096	0.470387	0.93885
2006	0.719715	0.412013	0.724916	0.428817	0.917502
2007	0.762998	0.435265	0.768409	0.358823	0.912622
2008	0.751213	0.412151	0.644036	0.274412	0.425255
2009	0.754877	0.328944	0.895237	0.252461	0.202685
2010	0.748788	0.236352	0.759015	0.152293	0.801236
2011	0.685162	0.215657	0.672043	0.13009	0.751388
2012	0.702952	0.178786	0.605278	0.114876	0.717942
2013	0.324198	0.11244	0.38593	0.045377	0.471438

附表三 1978—2013 年中国 FEEEP 两子系统之间协调度

年份	DSN	DSJ	DSH	DSR	DNJ	DNH	DNR	DJH	DJR	DHR
1978	/	/	/	/	/	/	/	/	/	/
1979	0.53	0.48	0.83	0.83	0.91	0.64	0.64	0.58	0.58	0.90
1980	0.63	0.65	0.81	0.79	0.95	0.77	0.69	0.75	0.66	0.88
1981	0.61	0.62	0.78	0.82	0.95	0.77	0.64	0.79	0.66	0.83
1982	0.51	0.51	0.69	0.76	0.96	0.74	0.62	0.74	0.65	0.76
1983	0.64	0.62	0.87	0.78	0.89	0.74	0.60	0.72	0.58	0.71
1984	0.69	0.76	0.81	0.74	0.87	0.86	0.57	0.93	0.63	0.67
1985	0.79	0.74	0.95	0.61	0.86	0.79	0.69	0.78	0.80	0.65
1986	0.77	0.85	0.94	0.86	0.79	0.73	0.69	0.90	0.73	0.81
1987	0.72	0.79	0.72	0.85	0.91	0.72	0.63	0.74	0.69	0.63
1988	0.85	0.82	0.52	0.71	0.92	0.49	0.68	0.54	0.74	0.73
1989	0.80	0.77	0.80	0.96	0.95	0.89	0.83	0.90	0.80	0.78
1990	0.54	0.63	0.60	0.95	0.85	0.71	0.55	0.84	0.63	0.61
1991	0.65	0.74	0.83	0.81	0.75	0.59	0.59	0.79	0.78	0.98
1992	0.62	0.83	0.79	0.84	0.74	0.54	0.52	0.71	0.70	0.80
1993	0.55	0.83	0.93	0.84	0.65	0.59	0.46	0.85	0.70	0.78
1994	0.68	0.73	0.90	0.76	0.77	0.69	0.55	0.81	0.68	0.80
1995	0.53	0.82	0.77	0.69	0.48	0.41	0.36	0.84	0.69	0.71

续 表

年份	DSN	DSJ	DSH	DSR	DNJ	DNH	DNR	DJH	DJR	DHR
1996	0.66	0.56	0.64	0.61	0.80	0.75	0.76	0.87	0.63	0.70
1997	0.62	0.51	0.56	0.84	0.70	0.91	0.67	0.69	0.61	0.60
1998	0.48	0.55	0.50	0.81	0.84	0.79	0.60	0.91	0.63	0.59
1999	0.46	0.54	0.45	0.79	0.81	0.81	0.56	0.83	0.68	0.56
2000	0.31	0.44	0.40	0.63	0.70	0.78	0.49	0.90	0.67	0.63
2001	0.64	0.66	0.60	0.83	0.90	0.67	0.57	0.74	0.64	0.65
2002	0.64	0.76	0.95	0.81	0.84	0.63	0.54	0.73	0.63	0.85
2003	0.52	0.61	0.81	0.63	0.85	0.57	0.53	0.67	0.63	0.78
2004	0.86	0.84	0.68	0.52	0.72	0.70	0.53	0.79	0.60	0.76
2005	0.83	0.81	0.95	0.74	0.68	0.88	0.89	0.77	0.60	0.78
2006	0.82	0.76	0.86	0.77	0.74	0.88	0.87	0.84	0.65	0.77
2007	0.79	0.83	0.81	0.76	0.70	0.92	0.90	0.77	0.63	0.83
2008	0.70	0.72	0.74	0.39	0.87	0.94	0.55	0.86	0.54	0.52
2009	0.73	0.83	0.84	0.37	0.82	0.86	0.41	0.79	0.45	0.35
2010	0.60	0.75	0.72	0.88	0.81	0.84	0.69	0.93	0.85	0.82
2011	0.51	0.70	0.62	0.76	0.64	0.83	0.67	0.77	0.69	0.81
2012	0.68	0.60	0.81	0.92	0.80	0.83	0.69	0.69	0.55	0.80
2013	0.53	0.55	0.68	0.43	0.61	0.78	0.47	0.59	0.28	0.48

附表四 1978—2013年中国FEEEP系统三子系统之间协调度

年份	DSNJ	DSNH	DSNR	DSJH	DSJR	DSHR	DNJH	DNJR	DNHR	DJHR
1978	/	/	/	/	/	/	/	/	/	/
1979	0.62	0.66	0.66	0.62	0.62	0.86	0.70	0.70	0.72	0.67
1980	0.73	0.73	0.70	0.73	0.70	0.83	0.82	0.76	0.78	0.76
1981	0.71	0.72	0.68	0.73	0.69	0.81	0.83	0.74	0.74	0.76
1982	0.63	0.64	0.62	0.64	0.63	0.74	0.81	0.73	0.70	0.71
1983	0.71	0.75	0.67	0.73	0.66	0.78	0.78	0.68	0.68	0.67
1984	0.77	0.78	0.66	0.83	0.71	0.74	0.88	0.68	0.69	0.73
1985	0.80	0.84	0.69	0.82	0.72	0.72	0.81	0.78	0.71	0.74
1986	0.80	0.81	0.77	0.90	0.81	0.87	0.81	0.74	0.74	0.81
1987	0.80	0.72	0.72	0.75	0.77	0.72	0.79	0.73	0.66	0.68
1988	0.86	0.60	0.74	0.61	0.76	0.64	0.63	0.77	0.63	0.66
1989	0.84	0.83	0.86	0.82	0.84	0.84	0.91	0.86	0.83	0.82
1990	0.66	0.62	0.66	0.68	0.72	0.70	0.80	0.67	0.62	0.69
1991	0.71	0.68	0.68	0.79	0.78	0.87	0.71	0.70	0.70	0.84
1992	0.73	0.64	0.65	0.78	0.79	0.81	0.66	0.65	0.61	0.74
1993	0.67	0.67	0.60	0.87	0.79	0.85	0.69	0.59	0.60	0.77
1994	0.72	0.75	0.66	0.81	0.72	0.82	0.75	0.66	0.67	0.76
1995	0.60	0.55	0.51	0.81	0.73	0.72	0.55	0.49	0.47	0.74

续 表

年份	DSNJ	DSNH	DSNR	DSJH	DSJR	DSHR	DNJH	DNJR	DNHR	DJHR
1996	0.66	0.68	0.67	0.68	0.60	0.65	0.80	0.73	0.73	0.73
1997	0.61	0.68	0.70	0.58	0.64	0.66	0.76	0.66	0.71	0.63
1998	0.61	0.58	0.61	0.63	0.65	0.62	0.85	0.68	0.65	0.69
1999	0.58	0.55	0.59	0.58	0.66	0.58	0.82	0.67	0.63	0.68
2000	0.46	0.46	0.46	0.54	0.57	0.54	0.79	0.61	0.62	0.73
2001	0.72	0.64	0.67	0.66	0.70	0.69	0.76	0.69	0.63	0.67
2002	0.74	0.73	0.66	0.81	0.73	0.87	0.73	0.66	0.66	0.73
2003	0.64	0.62	0.56	0.69	0.62	0.74	0.69	0.66	0.62	0.69
2004	0.81	0.74	0.62	0.77	0.64	0.64	0.74	0.61	0.66	0.71
2005	0.77	0.88	0.82	0.84	0.71	0.82	0.77	0.71	0.85	0.71
2006	0.77	0.85	0.82	0.82	0.72	0.80	0.82	0.75	0.84	0.75
2007	0.77	0.84	0.81	0.80	0.74	0.80	0.79	0.74	0.88	0.74
2008	0.76	0.79	0.53	0.77	0.53	0.53	0.89	0.64	0.65	0.62
2009	0.80	0.81	0.48	0.82	0.52	0.48	0.82	0.53	0.50	0.50
2010	0.71	0.71	0.71	0.79	0.82	0.80	0.86	0.78	0.78	0.86
2011	0.61	0.64	0.64	0.69	0.72	0.72	0.74	0.67	0.77	0.76
2012	0.69	0.77	0.75	0.70	0.67	0.84	0.77	0.67	0.77	0.67
2013	0.56	0.65	0.47	0.60	0.41	0.52	0.65	0.43	0.56	0.43

附表五 1978—2013年中国FEEEP系统四/五子系统之间协调度

年份	Dsnjh	Dsnjr	Dsnhr	Dsjhr	Dnjhr	Dsnjhr
1978	/	/	/	/	/	/
1979	0.65	0.65	0.65	0.68	0.70	0.68
1980	0.75	0.72	0.72	0.75	0.78	0.75
1981	0.75	0.71	0.71	0.75	0.77	0.74
1982	0.67	0.65	0.65	0.68	0.74	0.68
1983	0.74	0.63	0.68	0.71	0.70	0.71
1984	0.82	0.70	0.70	0.75	0.74	0.74
1985	0.82	0.75	0.75	0.75	0.76	0.76
1986	0.83	0.78	0.78	0.85	0.77	0.81
1987	0.76	0.76	0.76	0.73	0.71	0.73
1988	0.67	0.78	0.78	0.66	0.67	0.68
1989	0.85	0.85	0.85	0.83	0.86	0.85
1990	0.69	0.68	0.68	0.70	0.69	0.68
1991	0.72	0.72	0.72	0.82	0.74	0.74
1992	0.70	0.70	0.70	0.78	0.66	0.70
1993	0.72	0.66	0.66	0.82	0.66	0.70
1994	0.76	0.69	0.69	0.77	0.71	0.73
1995	0.62	0.58	0.58	0.75	0.56	0.61

续表

年份	Dsnjh	Dsnjr	Dsnhr	Dsjhr	Dnjhr	Dsnjhr
1996	0.70	0.66	0.66	0.66	0.75	0.69
1997	0.65	0.65	0.65	0.63	0.69	0.66
1998	0.66	0.64	0.64	0.65	0.71	0.65
1999	0.62	0.62	0.62	0.63	0.70	0.63
2000	0.55	0.52	0.52	0.59	0.68	0.57
2001	0.69	0.70	0.70	0.68	0.69	0.68
2002	0.75	0.70	0.70	0.78	0.70	0.73
2003	0.66	0.62	0.62	0.68	0.66	0.65
2004	0.76	0.67	0.67	0.69	0.68	0.69
2005	0.82	0.75	0.75	0.77	0.76	0.79
2006	0.82	0.77	0.77	0.77	0.79	0.79
2007	0.80	0.77	0.77	0.77	0.78	0.79
2008	0.80	0.61	0.61	0.61	0.69	0.66
2009	0.81	0.57	0.57	0.56	0.57	0.61
2010	0.77	0.76	0.76	0.82	0.82	0.78
2011	0.67	0.66	0.66	0.72	0.73	0.69
2012	0.73	0.70	0.70	0.72	0.72	0.73
2013	0.62	0.46	0.46	0.48	0.51	0.52

参考文献

[1] Murat M. Experiences from Early Stages of a National Industrial Symbiosis Programme in the UK: Determinants and Coordination Challenges [J]. Journal of Cleaner Production, 2004, 12 (11): 967-983.

[2] 袁纯清. 共生理论——兼论小型经济 [M]. 北京: 经济科学出版社, 1998.

[3] 潘玉君, 李天瑞. 困境与出路——全球问题与人地共生 [J]. 自然辩证法研究, 1995, 11 (6): 1—3.

[4] 方创琳. 区域发展规划的人地系统动力学基础 [J]. 地学前缘, 2000 (专刊): 17—20.

[5] Bennett R J, Chorley R J. Environmental Systems Philosophy, Analysis and Control [M]. Princeton: Princeton University Press, 1978.

[6] 王建华, 顾元勋, 孙林岩. 人地关系的系统动力学模型研究 [J]. 系统工程理论与实践, 2003, 23 (1): 128—131.

[7] 孙立成, 周德群, 胡荣华. 区域 FEEEP 系统协调发展研究——基于 DEA 方法的实证分析 [J]. 财经研究, 2008 (2): 134—143.

[8] 姜启源, 谢金星, 叶俊. 数学模型 (第三版) [M]. 北京: 高等教育出版社, 2003.

[9] 王顺庆, 王万雄, 徐海根. 数学生态学稳定性理论与方法 [M]. 北京: 科学出版社, 2004.

[10] 蒋中一. 数理经济学的基本方法 [M]. 北京：商务印书馆，2004.

[11] 龚六堂. 动态经济学方法 [M]. 北京：北京大学出版社，2002.

[12] 魏一鸣，曾嵘，范英，等. 北京市人口、资源、环境与经济协调发展的多目标规划模型. 系统工程理论与实践，2002，22（2）：74—83.

[13] 孙立成，周德群，李群，胡荣华. 基于非径向超效率DEA聚类模型的FEEEP系统协调发展研究 [J]. 系统工程理论与实践，2009，29（7）：139—146.

[14] 张庆普，胡运权. 城市生态经济系统复合Logistic发展机制的探讨 [J]. 哈尔滨工业大学学报，1995，27（2）：132—135.

[15] 周德群，吴永勤. SPERE系统演化机理与可持续发展研究 [J]. 数量经济技术经济研究，1999，（9）：16—18.

[16] 姜启源，谢金星，叶俊. 数学模型（第三版）[M]. 北京：高等教育出版社，2003.

[17] 王建华，顾元勋，孙林岩. 人地关系的系统动力学模型研究 [J]. 系统工程理论与实践，2003，23（1）：128—131.

[18] 王顺庆，王万雄，徐海根. 数学生态学稳定性理论与方法 [M]. 北京：科学出版社，2004.

[19] 蒋中一. 数理经济学的基本方法 [M]. 北京：商务印书馆，2004.

[20] Smulders S, Michiel D N. The impact of energy conservation on technology and economic growth [J], Resource and Energy Economics, 2003, 25 (1), 59 - 79.

[21] Sondes K B. Technological learning in energy-environment economy modeling: A survey [J], Energy Policy, 2008, 36 (9), 138-162.

[22] 高颖，李善同. 征收能源消费税对社会经济与能源环境的影响

分析［J］.中国人口资源与环境,2009,19(2):30—35.

[23] 王锋,冯根福.基于 DEA 窗口模型的中国省际能源与环境效率评估［J］.中国工业经济,2013,(7):56—68.

[24] 胡绍雨.我国能源、经济与环境协调发展分析［J］.技术经济与管理研究,2013,(4):78—82.

[25] 汪克亮,杨宝臣,杨力.考虑环境效应的中国省际全要素能源效率研究［J］.管理科学,2010,(12):100—111.

[26] 李仲生.经济发展与人口增长的理论分析［J］.首都经贸大学学报,2008,(2):70—76.

[27] 杨子晖.经济增长、能源消费与二氧化碳排放的动态关系研究［J］.世界经济,2011,(6):100—125.

[28] 赵进文,范继涛.经济增长与能源消费内在依从关系的实证研究［J］.经济研究,2007,(8):31—42.

[29] 胡鞍钢,刘生龙,马振国.人口老龄化、人口增长与经济增长——来自中国省际面板数据的实证证据［J］.人口研究,2012,36(3):14—26.

[30] 包玉香.人口老龄化的区域经济效应分析——基于新古典经济增长模型［J］.人口与经济,2012,(1):1—7.

[31] 王婷,吕昭河.人口增长、收入水平与城市环境［J］.中国人口资源与环境,2012,22(4):143—149.

[32] 左学金.人口增长对经济发展的影响［J］.国际经济评论,2010,(6):127—135.

[33] 王韶华,于维洋.一次能源消费结构变动对碳强度影响的灵敏度分析［J］.资源科学,2013,35(7):1438—1446.

[34] 张馨,牛叔文,赵春升,胡莉莉.中国城市化进程中的居民家庭能源消费及碳排放研究［J］.中国软科学,2011,(9):65—75.

[35] 郑丽琳,朱启贵.纳入能源环境因素的中国全要素生产率在估

算 [J]. 统计研究, 2103, 30 (7): 9—17.

[36] 郑丽琳, 朱启贵. 能源环境约束下垂直技术进步、产业结构变迁与经济可持续增长 [J]. 财经研究, 2013, 39 (7): 49—60.

[37] 王英, 谢蕊蕊. 能源环境约束下中国区域工业效率分析 [J]. 中国人口资源与环境, 2012, 22 (5): 114—119.

[38] 汪克亮, 杨力, 杨宝臣, 程云鹏. 能源经济效率、能源环境绩效与区域经济增长 [J]. 管理科学, 2013, 26 (3): 86—99.

[39] 林智钦. 中国能源环境中长期发展战略 [J]. 中国软科学, 2013, (12): 45—57.

[40] 郝宇, 廖华, 魏一鸣. 中国能源消费和电力消费的环境库兹涅茨曲线: 基于面板数据空间计量模型的分析 [J]. 中国软科学, 2014, (1): 134—147.

[41] 武红, 谷树忠, 关兴良, 鲁莎莎. 中国化石能源消费碳排放与经济增长关系研究 [J]. 自然资源学报, 2013, 28 (3): 381—390.

[42] 赵晓丽, 李娜. 中国居民能源消费结构变化分析 [J]. 中国软科学, 2011, (11): 40—51.

[43] 曾胜, 黄登仕. 中国能源消费、经济增长与能源效率 [J]. 数量经济技术研究, 2009, (8): 17—28.

[44] 朱勤, 彭希哲, 陆志明, 吴开亚. 中国能源消费碳排放变化的因素分解及实证 [J]. 资源科学, 2009, 31 (12): 2072—2079.

[45] 牛叔文, 李怡涵, 马利邦, 张馨. 资源环境约束下的中国人口增长问题研究 [J]. 中国人口资源与环境, 2010, 20 (3): 253—256.

后 记

　　本书是《我国食物、能源、环境、经济和人口（FEEEP）相关性研究》的姊妹篇，目的在于通过对我国区域食物、能源、环境、经济和人口（FEEEP）系统协调发展研究，让读者对我国食物、能源、环境、经济和人口五个方面的协调性有一个较为系统的了解，以便全面提高对这五个方面发展的系统认识，用全面的、联系的、发展的眼光看待我国的粮食安全问题、能源问题、环境问题、经济发展问题和人口问题，从而提出正确的解决这五个方面系统协调发展的方法。本报告只是一个探索性的尝试，加上我们的水平有限，有些可能仅仅只是提出了问题。希望能在以后的研究中加以弥补，也希望读者提出更多意见并加入到此问题的研究中来。

　　本书撰写人员：胡荣华、孙立成、勾姝宇、刘孟娟、马瑞敏、程文慧、季震、李黎。

图书在版编目(CIP)数据

我国区域食物、环境、能源、经济和人口协调发展研究 / 胡荣华,孙立成等著. —南京:南京大学出版社,2017.9

ISBN 978-7-305-19304-0

Ⅰ.①我… Ⅱ.①胡…②孙… Ⅲ.①区域经济发展-研究-中国 Ⅳ.①F127

中国版本图书馆 CIP 数据核字(2017)第 233372 号

出版发行　南京大学出版社
社　　址　南京市汉口路 22 号　　邮　编　210093
出 版 人　金鑫荣

书　　名　**我国区域食物、环境、能源、经济和人口协调发展研究**
著　　者　胡荣华　孙立成　等著
责任编辑　胡　豪　　　　　编辑热线　025-83594071
照　　排　南京紫藤制版印务中心
印　　刷　常州市武进第三印刷有限公司
开　　本　787×960　1/16　印张 12.25　字数 165 千
版　　次　2017 年 9 月第 1 版　2017 年 9 月第 1 次印刷
ISBN 978-7-305-19304-0
定　　价　36.00 元

网址:http://www.njupco.com
官方微博:http://weibo.com/njupco
官方微信号:njupress
销售咨询热线:(025)83594756

* 版权所有,侵权必究
* 凡购买南大版图书,如有印装质量问题,请与所购
　图书销售部门联系调换